「イノベーションの種を見つける」ケースス

JN025516

見方を変える、思考を深める

実例20

日本能率協会
コンサルティング
編著

経団連出版

はしがき

　本書は若手経営コンサルタントの「デキコ」が、新商品や新サービスの開発に携わるなかで、問題解決にチャレンジし、「発想」することのおもしろさ、イノベーション創出の過程を体感していくケーススタディ集です。

　デキコは、街のお茶屋さんの困りごとから、製造業の品質問題、さらには限界集落における移動手段の確保といった社会的課題の解決に携わるなかで、思考を広げ、深め、最適な答えを導いていきます。そこでは、発想というより単なる思いつきで失敗してしまうこともあれば、時には先輩コンサルタントに叱咤激励されながらも、自分なりの着眼点を活かして柔軟に発想し、問題解決にトライしていきます。

　いずれのケースも、実例をもとに、わかりやすくアレンジしましたので、皆さんもデキコとともに実践的な発想に挑戦してみてください。実務に役立つ疑似体験ができるはずです。

＊

　本書は、㈱日本能率協会コンサルティングのコンサルタントが執筆しました。顧客企業だけでは解決しきれない問題を第三者・専門家として解決していくというコンサルタントの役割は、なかなか容易なものではありません。本書で紹介するケースには、こうした厳しい実務のなかで培ってきた問題解決力と発想の技術が込められています。

　問題解決、新事業開発、思考技法などといった言葉を聞くと、「重い内容」「むずかしい理論」などが思い浮かびがちですが、問題解決、特に新事業開発や新商品・新サービス開発は、ワクワクする楽しい体験でもあります。実際、いくつかケースを読み進めていくと、「結構むずかしいテーマや局面なのに、デキコは楽しそうだな」と思っていただけるかもしれません。確かに厳しい場面はありますが、前向きなテーマ、他者に喜んでもらえる取り組み

には、「楽しさ」という要素が多いものです。

　そこで本書では、発想の視点や技術の体系、古今東西の発想技法の網羅といった難解なアプローチは一切排除しています。ただひたすらケースが続きますので、デキコとともに「自分ならどうするか」と考えながら読み進めていただき、「答え」が合うかどうか試してみてください。とはいえ、答えは一つではありません。デキコが導き出した解決策だけが正解ではありませんので、ぜひ「自分の発想のほうが役に立つ！」という体験を楽しんでいただければ幸いです。

2024 年 6 月

筆者一同

目 次

ケーススタディ 20

Ⅰ　困りごとの本質を見極める

Ⅱ　異なる視点で捉え直す

Ⅲ　顧客との相互理解をめざす

IV　価値の軸を変える

表紙カバーデザイン——矢部竜二

本書の読み方・使い方

■本書のねらいと構成

　本書は、ケーススタディによる疑似体験を通じて「発想力」を高めていただけるよう、多様なテーマのケーススタディを紹介するものです。「あいさつの励行」といった身近なテーマから、「新商品開発」、さらには「限界集落における交通手段確保」「地方都市の個人商店再生」などの、地域での取組みが求められるものまで、多種多様な20の事例を取り上げました。いずれも、「新米コンサルタントのデキコ」が相談を受けて、問題解決に取り組む過程を対話形式で再現するとともに、発想のヒントや考察を記しました。

　キャリアの浅いデキコは経験不足ではあるものの、熱意も思考力も行動力も十分に備わっています。時に思い込みが強くなってしまったり、短絡的な発想に陥ることもありますが、先輩コンサルタントの助言も得ながら発想を広げ、テーマに向き合っていきます。成功例だけでなく失敗事例も出てきます。皆さんはデキコの発想をなぞりながら、「自分だったらどう考えるだろう」という思いでケースに向き合ってみてください。

　デキコは、どのケースにおいても何らかの良い発想や気づきを得ていきますが、それが必ずしも唯一の正しい解決策というわけではありません。皆さんも「なるほど意外な発想だ」と思うこともあれば「予想どおりだ」「これは現実では不採用だろう」と感じることもあるでしょう。ビジネス上の問題はいわゆる「社会科学」の側面を持っています。物理や化学のような、答えが一つに限られる領域ではなく、正解が複数あるのがビジネス上の問題の特性です。発想も、「一つ良いアイデアが浮かんだからよし」ではなく、「もっと違う角度から考えれば」「もしこの条件を捨てられたら」など、さまざまな考え方があってしかるべきです。

　各ケーススタディは、デキコが受けた相談・依頼内容を掲げ、その課題解

決のためのアイデアとして、どのような方法が思い浮かぶのかを「考えてみましょう」として、皆さんに発想を促しています。発想を試みるにあたっては、データも証明も必要ありませんし、うまくいく保証も「正解」もありません。すでに形になって世に出ているアイデアでも構いません。目的は自身の発想の幅を広げることです。直感的に思い浮かぶアイデアを列挙したうえで、「デキコの発想」を読み進めていきましょう。

■発想法を実務場面に活かす

　「発想」を扱ったビジネス書、特に発想の「技術」を扱った書籍は世にたくさんあります。そこでは、「どのような視点で発想すべきか」「どのような場で発想すべきか」「どのような情報を参考にすべきか」「日頃どのようにセンスを磨くべきか」など、発想を得るための方法論（発想の技術）について、さまざまな角度から語られています。

　もちろん、それらの書籍は参考になりますし、紹介されている視点や思考技術、情報のインプットの仕方、フレームワーク、手法などを知り、使いこなすことは、とても大事です。しかし筆者らが企業での取組みに接するなかで、そういった発想法は知っていても結果（効果）が出るまで使ったことがないという人も多いように感じています。ワークショップや研修のなかだけの経験にとどまり、実務場面での活用には役立てられていないことも少なくありません。

　また、新たな発想が求められるのは、新事業・新製品開発といった特別な場面だけに限られるわけではありません。本来は、日頃のちょっとした問題を解決するためにも使われるべきですが、多くの企業や職場内での検討の場においては、「目的から考えていけば、もっとさまざまな解決策が導き出されるのに」と思えるような残念な議論も散見されます。

　たとえば、本書では「あいさつが励行されない職場」を取り上げています。皆さんの職場では互いにあいさつを交わしていますか。あいさつについては、「当たり前のことだからできるはずなのに、できない職場にはどんな原因があるのだろう」と考えた方が多いのではないでしょうか。

　問題解決の基本に基づくなら、「原因は何か」と考えることは間違いでは

ありません。しかし、実際の問題解決の場面ではまったく異なるアプローチが取られる場合もあります。「発想」によって解決できる問題はさまざまであり、「あいさつ」のような日常的な問題にも発想法で向き合っていただくきっかけになれば幸いです。

■レベルアップの筋道

　本書が意図するねらいを一言でいうならば、「発想法について、それを知っているレベルから、使ったことがあるレベルに引き上げたい」というものです。発想法の研修を受けたり書籍を読んだだけで、「私は発想には自信があります」と言える方は少ないようです。これは「知っている」ことと実務で使えることには大きなギャップがあることを意味しています。「知っていれば実践できる」なら楽なものであり、「知っているレベル」から「使いこなせるレベル」にジャンプアップすることは簡単ではありません。

　下記の階段状の図表は、何らかの知識や手法についての学習・活用の一般的なレベルアップのモデルです。

　「知らない」は論外ですが、「知らない」ことと「知っている」ことには大きな違いがあります。しかしさらに「知っている」から「使いこなせる」までの間には2つの段階があることに注目してください。車の運転と同じように、免許とりたての状態（知っている）は運転に自信が持てないもので公道での運転は緊張の連続です。しかし何回か一人で運転してみる（使ったことがある）と、習ったことが活かせる体験や新しい発見も得られて急激に自信がアップしていきます。さらに経験を積み、日常的に運転を重ねていくこと

知識や手法の活用レベル

でレベルアップし、「使いこなせる」状態になっていくものです。

　免許とりたての状態でなかなか運転する機会が得られなければ、いわゆるペーパードライバー（「知っていてもできない」状態）になってしまいます。運転に自信を持つためには、「知っている」だけの状態から一歩踏み出すこと、つまり「運転したことがある（使ったことがある）」状態を積極的に体験していくことが重要です。

　これは「発想」もまったく同じです。発想法を知っているだけでなく「使う」こと。いつか、かかわるであろう実際の業務やプロジェクトの機会を待つのではなく、「使ってみる」ことで、いざ実際の業務やプロジェクトで使える状態をつくるのです。本書はこの点に着目し、アイデア発想の回数を強制的に増やし「使ったことがある」状態をめざすという意図で構成しました。

　具体的にどのような手法を使うかは皆さん次第ですが、とにかくアイデア発想の回数を増やすこと、「使ったことがある」体験を増やしていくことが、発想力を高めるいちばんの早道です。

I　困りごとの本質を見極める

ケチャップの新商品開発

　食品メーカー「Good 食品」と業務改善の打ち合わせをしていたデキコは、ある日、会議の終わりに以下の相談を受けた。

　Good 食品担当者　デキコさん、まったくの別件なのですが、弊社ではケチャップもつくっているのをご存じですか。

　デキコ　ええ、もちろん存じ上げております。どうされましたか。

　Good 食品担当者　実はうちのケチャップは、もともと有名ではないのですが、ここのところシェアがどんどん落ちていて、トップ層からは「もっと抜本的に商品を見直せ」「もっとケチャップを売れ」「そのための新しいアイデアを出すように」と言われているんです。しかし、ケチャップで「抜本的に」と言われても、いまさら甘いとか辛いといった個性も出しづらいですし、考える糸口が思い浮かばないんですよ。

　デキコ　なるほど、確かにケチャップをあまり意識して選んだことないですね。あっ、すみません、ケチャップに興味がないんじゃなくて、それぐらい暮らしのなかに浸透して当たり前になっているっていう意味ですから…。

　Good 食品担当者　ははは…いえいえ、でもそんな感じですよね。何か思いついたら次回ミーティングのときにでも教えてください。

■考えてみましょう

　Good 食品が抱える「抜本的な商品の見直し」「もっとケチャップを売る」という課題を解決するための方法として、どのようなアイデアが思い浮かびますか。

■デキコの発想

　デキコはスーパーのケチャップ売場に行ってみた。

デキコ　うーん、ケチャップにはそんなに幅はないだろうから、個性を出せれば チャンスがあるかと思ったけれど、ケチャップって意外に種類があるなぁ。有機栽 培のトマトを使ったもの、ちょっと洋食屋さんのソースみたいなもの、つぶつぶ野 菜の入ったもの、瓶詰めのもあるのかぁ。特別な高級感があるものもあるし。そん ななかで Good 食品のケチャップは個性があるようには見えないなあ。しかしこ れだけいろいろなケチャップがあるなら、個性的なケチャップをつくるといって も、むずかしそう。

　次いで、デキコはネットでケチャップを使った料理を調べてみた。

デキコ　まあこれは予想どおりね。ポテトとかにつけて食べるのはもちろんだけ ど、ソースの材料に使ったり、焼くときの下味、絡めて使うなどなど…。ポテトと かに添えたり、オムライスにかけて使うなら「たまにはちょっと変わったケチャッ プを」とは思うかもしれないなぁ。でも、そのたびにケチャップを買うわけじゃな いし、一人暮らしの私だと賞味期限内に使い切れないことも…。実家でも冷蔵庫に は必ず入っているけど、何種類かを使い分けるってことは想像できないな。うー ん、これは意外と糸口が見つからない。困ったな…。でもまあ、やっぱりいままで と同じものを出してもシェアは回復しないから、何か個性のある素材とか、健康と か、そういうテーマを見いだして開発するしかないと思うんだけど。

デキコの気づき

デキコ　Good 食品さんがケチャップの新商品の開発をされているそうなんで す。次回のミーティングで何かアイデアがあれば伝えたいなと思って考えたんです が、全然アイデアが湧かないんですよ。ケチャップって意外にいろんな種類がある し、料理に用いることを考えたら、あまりに個性的なものだと使う場面も限られそ うだし、なかなかむずかしいなって。「新しいケチャップ」って何かありえるんで しょうか。

先輩　なるほどね、売場も見たし、ネットでレシピも調べて料理で使うこともイ メージしてみたんだ。うん、それはまず大事な視点だよね。それで、これは私な らっていうことなんだけど、ケチャップそのものに特別なこだわりはないんだよ ね。でも、ケチャップに対しては結構不満があるよ。

デキコ　え？　こだわりはないのに不満があるんですか？

先輩　うん、不満はある。そもそもさ、ケチャップを使ってて味に不満とか価格に不満を感じたことある？　私はそのあたりはまったく気にならない。周りにも「私はケチャップにはうるさいんですよ」と言う人もいないし。なのでケチャップの中身に不満な人っていないんじゃないかな。私なんか、ケチャップといわれて真っ先に思い浮かぶのは、残りが少なくなると逆さまに立てておかないと、出しにくくなることだし。あれってさ、どこのメーカーのケチャップも同じじゃない？なんで改善されないのかな。海外メーカーのケチャップだとはじめから出口が下で立てておく形状のものがあるよね。ああいう発想がなんで日本のメーカーにはないのかな。いやしかしあれも、なぜか最初に出てくるのは水っぽい中身だったりすることがあるしなぁ。いやまあ、いちいち逆さまにして保管しないといけないのはあきらめるとして、そもそもケチャップの容器のフタのところって、使ったときについたケチャップが乾いてくっついていたりしない？　しまうときに拭いてからフタをすればいいって言われればそれまでなんだけど、料理しながら使うときに、その一手間をわざわざかけるのも面倒なんだよね。だからデキコさんも言うとおり何種類もケチャップを揃えるようなこだわりはないけど、不満はいろいろあるわけよ。

デキコ　なるほど、そういう意味ですか。でも先輩の不満って容器の話ばっかりですよね。容器を変えたぐらいで、わざわざほかのメーカーではなく選んでもらえるものですかねぇ。

先輩　まあ、いまのは直感的な不満だから、それだけでどう変わるかはわからないけど、容器で注目されて売上にインパクトがあった例は、ケチャップ以外でもあるよね。

デキコ　あ！　醤油とかですよね。空気が入らないから鮮度が保たれるっていう商品ですね。

先輩　うん、そうだよね。ほかにもハチミツなどの容器を使い比べたことある？ないでしょ。意外に知られていないけど、これも結構おもしろいのがあって、ハチミツはベタベタっていうイメージがあるけど、容器の出口の素材なのか形状なのかの改良で、まったくといっていいレベルで垂れない容器もあるんだよ。これ、案外感動するよ。という感じで、容器一つで商品の印象って変わるよね。

■デキコの再考

デキコ　先輩は容器にこだわっていたな。逆に私は中身のことしか考えていなかった。ケチャップが売れるためには、中身だけじゃなく、外見、つまり容器のことも考えるっていうアイデアはいいかもしれないな。うん、もっといろいろ柔軟に考えてみよう。

数日後、Good 食品との打ち合わせにて。

デキコ　そういえば前回、ちらっとおっしゃっていたケチャップの見直しアイデアですが、ちょっと考えてみたので、見てもらってもいいですか。

Good 食品担当者　え！　ホントに考えてくれたんですか。いやー、うれしいな。ぜひ見せてください。

デキコ　思いつきレベルなのですが、どうでしょうか。

デキコは資料を提示しながら、説明を続けた。

【容器編】

◆逆さまにしなくても常に使いたい量が出せる容器

◆注ぎ口（出口）にケチャップが残らない、こびりつかない素材・形状などの工夫

◆食卓に出しても見栄えがする容器（逆さまにして食卓に置くのはあまりに見た目が悪い）

【食べ方提案編】

◆ケチャップといえばポテト。レンチンポテトと、そのポテトですくい取りやすい容器入りの「食べきりセット商品」（ポテトのレンチンと同時にケチャップも食べやすい温度になる工夫）

　　：

Good 食品担当者　いろいろと考えてくださったんですね。容器は確かにまったく変更されていないですし、社内でも容器の話をする者はいませんでした。ポテトとのセットもおもしろいなぁ。ケチャップそのものよりも工夫する余地はあるようですね。どんな角度から考えたんですか？

デキコ　ありがとうございます。思いつきレベルなんですが、思いつきにしても最初はケチャップの中身ばかりにとらわれていたんです。でも結局、ケチャップを

使っているときを思い浮かべたり、使っていないときのケチャップのことを想像したり、食べているときを考えてみたんです。申し訳ないのですが、多くの人はケチャップ「そのもの」には強いこだわりがないように思うんです。なので、とにかく「ケチャップにまつわる不満」を出してみました。普通なら「不満があるから買わない」で済むはずなんですが、必須の調味料なのでそうもいかないですよね。だからみんな不満だけど使っている、そんな状態じゃないかと。私自身の感想ですが、どうにもできないと思っている、だからあまり考えずに「そんなものだよな」くらいに感じながら使っているんだろうと思います。そんな不満をちょっと取り除けたら、売場にたくさん並んだケチャップのなかから Good 食品さんの商品を手に取ってもらえるし、一度不満が解消されるとわかったら、リピートしてもらえると思うんです。きょうのアイデアはまだまだ不完全ですが、ケチャップにまつわる不満を解消して、ケチャップとかかわる体験を変えられたら、まだまだチャンスがあるはずです。少しでも Good 食品さんの社内での議論にプラスになればいいなと思います。

解　説

　商品の改良や開発というと、とかく「商品そのもの」に目が向きがちですが、そもそも商品は商品だけで価値を生み出すものではありません。ケチャップも選ぶ・買う・使う・食べる・保管するというプロセスのなかで、どのような体験をするかにも価値があると考えてみましょう（栄養という価値は、商品そのものに含まれると考えられます）。

　たとえば、

◆ 選ぶ際に特長を理解し納得して買うことができたという満足感
◆ 容器の出口にケチャップが付着しがちだったのに、新しいケチャップはまったくこびりつかず、きれいに使い終えることができる喜び
◆ 逆さまにしなくても、いつでもすぐにケチャップが出てくる便利さ
◆ 食卓に出して使用する際も、逆さまにしておかなくても使いやすく、食事をちょっと楽しいひとときにできる
◆ 大好きなポテトフライを食べる際に、いちいちケチャップを皿に出さなく

ても済むという一手間の軽減

◆そんな体験を友人に「知ってた？」と話す楽しさ

などなど、つまるところ、われわれはケチャップを買って使っているようで
いて、ケチャップを使うという体験に形を変えて、その体験に満足している
面があります。

　今回の事例は「ケチャップをどう見直すか」でしたが、それを「ケチャッ
プにまつわる体験をどう変えていくか」と捉えることで、さまざまに発想が
広がりました。ここで紹介した発想以外にも、ケチャップ体験を変えられる
アイデアはあるのではないでしょうか。またそれは、ケチャップに限らず、
容器の見直しにも応用できるはずです。

茶葉（緑茶）の顧客開拓

　デキコの自宅は古くからの住宅街の一角にあり、昔ながらの商店街にはおもしろい個人店も多いので休日は散歩がてら、いくつかのお店に立ち寄ることが多い。ある日、「お茶の小林」でお気に入りのおかきを買った際、顔なじみの店主から相談というか愚痴というかを聞くことになった。

　店主　いつもありがとうございます。おかき、お好きなんですか。

　デキコ　はい、ちょっとしたおやつにちょうどいいし、どんな飲み物でも合うので大好きなんです。

　店主　いやー、ありがとうございます。その飲み物なんですけど、若い方は緑茶はあまり飲まないですか？　ペットボトルのお茶は皆さん、よく飲んでいるようですが、こういったお茶っ葉から淹れるお茶はどうかなと、おすすめしているんです。ちょっと試していかれませんか。

　デキコ　ありがとうございます。ご迷惑でなければ、ぜひ！

　店主はうれしそうにお茶を淹れてくれた。

　デキコ　やっぱり、ちゃんとしたお茶ってペットボトルとかとまったく違いますね！　実家の両親はお茶好きで宇治から取り寄せているぐらいでしたから。私も実家にいた頃は親が淹れてくれたお茶を毎日飲んでいましたが、なかなか自分では続かなくて。

　店主　そうなんですか、それだけお茶を飲まれていても、ご自分では淹れませんか…。急須で淹れたお茶は美味しいので、若い方にもおすすめするんですが「面倒」って言われちゃうんですよね。

　デキコ　確かに急須も必要ですし、お茶っ葉を保管するやつ、なんていうんでしたっけ、それらを揃えるとなるとやっぱりハードルが高くなります。

　店主　ええ、そうおっしゃいます、皆さん。急須で淹れたお茶を飲んでほしいと正直、思いますが、なかなかですよね。必要なのは、急須と、茶葉を入れておく茶

筒っていうんですけど、まあ、それぐらいですよ。

　　デキコ　多少の手間は惜しんじゃダメってことですよね。でも私、面倒くさがりだからなぁ。少なくとも店頭でおすすめするやり方とか変えないと、うまくいかないと思うんですよね。

　　店主　何かいいアイデアがあったら教えてください。

■考えてみましょう

　若い年齢層に、お茶を淹れて飲んでもらうための工夫、もっと茶葉を売るための方法として、どのようなアイデアが思い浮かびますか。

■デキコの発想

　その何日かのち、自宅での仕事を終え、デキコは、お茶の小林で購入したおかきと、通販でケース買いしているペットボトルの緑茶で休憩を取っていた。

　　デキコ　そういえば、小林の店主さん、茶葉から淹れるお茶を楽しんでほしいって言ってたなぁ。でもこういうちょっとした休憩のときとか、家での食事のときとかに、いちいち急須で淹れるのは無理だな。私はペットボトルをケースで買っているぐらいの緑茶好きだけど、普段飲んでいるお茶は淹れたてでも熱々でもなくて、冷たいのだし、いまから急須を買ってまでして淹れるかといわれると無理があるしな。まあでも、茶葉から淹れたら確かに美味しいから、何か手軽な方法があれば試してみてもいいかもなぁ。あー、でも急須の注ぎ口は細いから洗いにくいし、急須のなかの出がらしの茶葉を捨てる際もサッと取り出せないし…。

　何日かが過ぎて、友人宅に遊びに行ったときのこと。

　　友人　私さ、最近、コーヒーとか紅茶とかにハマってるんだよね。コーヒーなんか、豆からひいちゃうし。スゴいでしょ。でも、きょうは紅茶にしようかな。ちゃんと葉っぱから淹れるよ！

　キッチンで淹れた紅茶をティーポットから注いでくれるのを見ながら。

　　デキコ　おお、紅茶ねぇ！　そんな趣味あったっけ。なかなかやるじゃん。うん、やっぱり美味しいね！　それにティーポットもガラスなんだー。センスいい

なぁ。あれ、ティーポットに茶葉が入っていない…。葉っぱから淹れるんじゃな
かったっけ。紅茶の葉っぱってなかに入れてジャンピングとかいってお湯のなかで
泳ぐっていうか、そういうやり方するんじゃなかったっけ？

友人　あ、バレたか（笑い）。本格的にはそうなんだけどね。ティーポットのな
かで茶葉を対流で踊らせるのは正しいんだけど、あとでポットを洗うのが大変なん
だよね。だから、私の場合はこれ（と言って、ガラスのティーポットに差し込んで
使う金属製のフィルターを見せた）。このフィルターに茶葉を入れてポットにセッ
トしてお湯を注ぐと、まあそこそこちゃんとした紅茶が淹れられるんだよね。これ
でもティーバッグと比べるとすごく大きな差が出るんだよ。このフィルターを外せ
ば、茶葉も捨てやすいし。まあ、素人にはこれぐらいでいいんじゃないかな。いま
どき本格的なのは伝統的な喫茶店とかホテルの一流カフェぐらいじゃないかなぁ。

デキコは帰宅後、ネットでティーポットをいろいろ調べてみた。

デキコ　さっきのティーポットみたいにフィルターが外せるタイプは結構あるん
だな。こういうのは緑茶でも使えるはずだよね。それに急須より一度にたくさん淹
れられるから、まとめてつくって冷やしておくのもいいな。うーん、でも熱々でつ
くって冷やすというのも面倒かな。どうせ冷やすんなら水出しとかできないのか
な。（さらにネットで調べてみると）おお、あるじゃない！　水出し緑茶用のポッ
ト。注ぎ口の手前にフィルターがついていたり、かご網つきだったり。ワインボト
ルみたいなつくりのものはセンスがいいなぁ。これなら私でも気軽にたくさんつ
くって置いておけるな！　これを小林の店主さんに教えてあげよう。お店でこのボ
トルでおすすめしたら、急須では「やってみよう」とはならないお客さんでも受け
入れてくれるかも。おまけに、これなら食卓にも出せるし。うん、いい感じ。

デキコの気づき

デキコ　先輩、うちの近所に…（と、お茶の小林の店主の悩みと自分のアイデア
を伝える）。

先輩　いいね！　昔はどこの家にもお湯を入れたポットがあって、いつでも急須
でお茶を淹れていたよね。うちの実家もそうだった。でも、いまの特に若い人はお
茶を葉っぱから淹れて飲むことは少ないだろうし、何より普段の暮らしに合わない
よね。ティーポットから気づいたところもいい発想だし、「結局、冷たいお茶を飲

む」っていう生活に合ったボトルも見つけられたのはすごくいいなぁ。水出しの緑茶はペットボトルよりだいぶ美味しいの？

　デキコ　はい！　渋みとかは少ないので好みにもよると思いますが、マイルドで甘い風味すら感じる美味しさでした。

　先輩　それはいいね。あとは後始末か。茶葉はボトルにそのまま入れるんだよね？　飲むときはフィルターで漉されて出てこないけど、茶葉を捨てるときはどうするの？

　デキコ　はい、そこがちょっと手間といえば手間なんですけど、ボトルには茶葉が残るので水を入れてすすいで捨てることになります。でも急須と違ってまっすぐな形なので洗いやすいですよ。

　先輩　私は、それはちょっと面倒かなぁ。ここまで考えたんなら、もう一工夫できそうだよね。

　デキコ　えぇ？　もっとですか。仕事じゃないからそこまで考えるのもなぁ。

　先輩　いやいや、新事業とか新製品とか、新しいPRの仕方なんかも、日常の体験とつながっているんだし、日頃から発想を柔軟にする習慣をつけておかないと、いざ仕事でアイデアを出そうとしても思いつかなくなるぞ。まあ、もうちょっと考えてみたら。私ならこうするっていうのがあるけど、とっても簡単なことだから、まずは自分で考えてみるといいと思うよ。

　そう言って先輩は仕事に戻っていった。

　デキコ　ここまで手間も減らせたし、センスのいいボトルだし、水出しで冷蔵庫でつくれるし…。先輩の言うように、まだちょっと面倒というのはあるけど、「捨てやすい」工夫が何か、ないかな。

■デキコの再考

　これといった、さらなる妙案は思い浮かばなかったが、ひとまずお茶の小林に行ってアイデアを伝えてみた。

　デキコ　（ワインボトル型のティーボトルを見せながら）こういう感じで、茶葉から水出しするやり方を試飲のときにすすめてはどうでしょうか。

　店主　おお！　なるほど、いまどきはこういうボトルで緑茶を飲むほうが合っているのかなぁ。うん、でもセンスいいなぁ、このボトル。お茶の飲み方はいろいろ

だけど、茶葉から淹れた水出しも確かにおすすめだから、急須にこだわらなくてもいいかもね。やってみようかな。

デキコ　そうですか！　思いついただけなのでよかったら試してみてください。でも、私の先輩は「もう一工夫できる」って言うんです。いまのやり方だと、茶葉がボトル内に残って洗い流しにくいだろうって。

店主　へえ、なるほどね。それならね、こういうのがあるよ（と言いながら店主は不織布でできた小さい袋を持ってきた）。これね、お茶っ葉を入れて、こうやってちょっとひっくり返すと、即席のティーバッグになるんだよ。これだと茶葉はこの袋のなかにとどまるから水出しのお茶を飲み終わったら、この即席ティーバッグだけ捨てればいいんじゃないかな。もともと緑茶にもティーバッグはあるんだけど、せっかく茶葉から水出しするなら好みの茶葉でつくれるこっちのほうがいいよね。

デキコ　えー！　こんな袋があるんですか。いいですね。

店主　いやいや、これって、もともとは煮干しとか鰹節とかの出汁を取るときに袋に入れて煮出すためのものだから、お茶に使おうとは思ってなかったからさ。水出しで、冷蔵庫にも入る、センスのいいボトルでっていうアイデアがなかったら思いつかなかったよ。

デキコ　いやー、そういう、あと一歩のところで劇的に便利になるんだからすごいですよ。やっぱりいろんなアイデアって、みんなで考えてみるものですね！　ぜひお店で若いお客様に試してみてください。水出しに適した茶葉とか、風味とかもいろいろ違うものがあるのでしょうから、お試しで飲んでもらえれば、きっと売れるんじゃないかな。このボトルもセットで売れば、いけると思うんです！

解　説

　茶葉で淹れたお茶は美味しいものの、とにかく「手間」がかかることが問題でした。また急須を使うという点が、いまの暮らしには合わず、茶葉を買う際の壁の一つとなっていることがあげられました。

　店主は、茶葉から淹れたお茶の良さをアピールしたいと、店頭での試飲の際に急須で淹れるプレゼンテーションをしていたものの、いまの暮らし、とりわけ若い世代には、急須は選ばれないのかもしれません。実際、この数

年、ガラスボトルで水出し緑茶を楽しむシーンを SNS で発信しているメーカーも見受けられます。

　今回の発想のポイントを振り返ってみましょう。

　一つは「世の中には、良いものはいろいろあるが、たった一つの障壁だけで選ばれない、利用されないことがある」という点です。茶葉から淹れたお茶は美味しいものの、茶葉の扱い（特に捨てる際）が面倒。そんな手間が思い起こされると、時間をかけるほどの価値がないと感じられかねません。

　この点について、紅茶用のティーポットの便利さから解消できると考えたわけです。さらには冷蔵庫にしまえるというワインボトルサイズであることも重要です。淹れる・捨てるには手間はなくても、保管する、冷やしておくことがむずかしいと感じるなら、やってみようとは考えてもらえないでしょう。「センスの良いボトル」の視点も重要です。お茶という日常的に利用するものだからこそ、センスが悪ければ、毎日使うことにはならないでしょう。食卓に出しても「映える」デザインや色。こういったことから、「見栄えが悪いという障壁」を取り除けたと見ることもできるのです。

　二つ目のポイントは、日常生活にヒントがある点です。このケースでは「お茶」という生活密着商品でしたが、ちょっとした知識や体験がまったく別な領域の改善や発想に使えることがよくあります。

　逆にテーマや対象の商品に焦点を当てすぎると、「紅茶用のティーポットが応用できる」という気づきには至らないことも生じます。今回のようにタイミングよく友人が紅茶を淹れてくれるという幸運はなかなか得られません。ましてや緑茶にばかりとらわれていては、「もとは出汁用のバッグ」を水出し緑茶に転用しようなどという発想は簡単には得られないでしょう。

　そしてこれらのポイントに共通するのはやはり「体験」への注目です。緑茶をどういうシーンでどう利用し、何に困っているのか。ペットボトルの緑茶はよく利用するのに、なぜ自分でお茶を淹れないのか。茶葉をボトルに入れるにあたり、何が最後まで「手間」として残るのか。現在の体験だけでなく、どのような新しい体験が生まれるのか。あくまでも「売る側」の都合やこだわりではなく、利用する側・生活する側の体験に目を向けることが重要です。

エアコンの新商品開発

　デキコはクライアントであるエアコンメーカーの次期商品企画会議に参加していた。

　企画リーダー　現在、自社の商品はご存じのように市場で5番手です。現状のシェアではかなり厳しいので、次の新商品企画では、それを大きく挽回できるような商品を企画したいと考え、コンサルタントのデキコさんに論点、アイデアの視点を整理してきてもらいました。デキコさんお願いします。

　デキコ　はい。まだまだ仮説の手前の一般的な視点なのですが、エアコンへの期待について、いくつかの雑誌やレポートに消費者のアンケート結果が出ていたので調べてみました。調査の仕方や対象でちょっとした違いはありましたが、だいたいの傾向を数字でまとめてみると、複数回答でおよそ次のような期待の割合だと思われます。

　①電気代の安さ 90%　　②掃除のしやすさ 35%　　③冷房性能の良さ 60%

　④暖房性能の良さ 30%　　⑤本体価格の安さ 85%　　⑥音の小ささ 15%

　⑦デザイン 35%　　　　⑧その他 35%

　このことから、やはり電気代の安さ、冷房の効き目、本体価格あたりが主な期待だとわかります。そして、これらの期待に応えるようなエアコン開発をしていくということが定石なのではないかと考えます。

　開発メンバー　私も最近の顧客ニーズはやはり省エネだと思います。特に最近は電気代が上がり、夏の暑さも増しているから、やはり省エネで勝たないとダメだと思います。消費者にはエアコンは電気を食うイメージがあるじゃないですか。

　デキコ　御社の商品の電気代は競合に対してどうなんですか？

　開発メンバー　現状の商品では競合とあまり変わらないですね。大きく負けているわけではありませんが、勝っているわけでもありません。

　デキコ　となると、価格はいかがですか？　競合より高い傾向などありますか。

販売部門メンバー　いやいや、価格はうちが安いですよ。定価は違いがありませんが、やはりシェアが低いことから安く提供していかないと量販店さんが売ってくれませんからねぇ。そこはエアコン本体で魅力を出していかないと、これ以上、販売価格を下げたら利益も逼迫するだけでなく、ブランドイメージが低下してどんどん地位が下がってしまいます。

開発メンバー　そのとおりなんです。本体の性能はまったく見劣りしないんですけどねぇ。「掃除のしやすさ」についても自動掃除機能も他社よりは後発ですが、しっかり研究して同等の性能は出せています。むしろそういった良さがあまり知られていないのかなぁと。まあ、開発の目線では勝手に思っていますけど。

プロモーション担当　うーん、そうはいうものの、他社より圧倒的に広告の量が少ないわけでもなく、どうしたものですかねぇ…。広告のあり方については、かなり多面的に改善に取り組み始めたので、そこはちょっと、この場では議題にしないほうがいいと思うんですよね。

　会議は「エアコンへの期待」を軸に盛り上がったものの、決め手が見いだせないまま徐々にトーンダウンしていった。

企画リーダー　皆さんありがとうございます。どうも突破口が見いだせませんね。ちょっと変な言い方かもしれませんが、ここまでの議論は「エアコン」の話ばかりでしたよね。いや、何を言いたいかというと、よく話題にされる『ドリルを売るには穴を売れ』（青春出版社、佐藤義典著）を思い出したんです。お客様はドリルが欲しいのではなくて、何かの目的で穴をあけたいのだっていうたとえ話です。さらに、穴が欲しいのではなくて…と考えていくと、お客様がそもそも欲しいものは何か、に行き着くのではないかと。

デキコ　なるほど。「エアコンへの期待」という質問だから電気代とか冷房性能とかが選択肢になっていますが、エアコンの冷房性能とすると、なぜ冷房性能かというと暑いからであり、なぜ暑いのかというと…、それは夏だからですね。

開発メンバー　（笑いながら）デキコさん、なんですかそれ、おもしろいですね。いやいや、すみません笑ってしまって。でも確かに私たちはエアコンのことしか議論していません。なぜエアコンを買うかという原点に返る必要がありますね。顧客ニーズから考えることが開発のイロハなのに、われわれはつい、モノの議論に陥りますね。

企画リーダー　うん、ここはあらためて原点に返りましょう。デキコさん、申し訳ありませんが、そのあたり、ちょっと整理しつつアイデアをご提示いただけませんか。私たちももちろん考えますが、第三者としての制約のない発想をぜひお願いします！

■考えてみましょう

　エアコンの新商品を開発するにあたり、そもそもなぜエアコンを購入するのかという観点から、どのような本質的なニーズが思い浮かびますか。

デキコの気づき

　デキコは会社に戻り、エアコンのニーズに対してあらためて考えていた。「なぜエアコンを使うのか」を考えたいが、ぴったりのアンケートやレポートなどあるはずもない。仕方なくデキコは、「モノ」からの発想だとわかりながらも、まずは競合他社の商品のアピールポイントの一覧を作成してみた。

　そこからは、省エネをアピールしている会社が多いものの、どこも大きな差はなく、年間で数百円の差くらいしかないこと、内部の掃除に着目している会社も多く、フィルターの掃除を楽にしたり、内部にカビが生えにくいようにしたりしていることがわかった。

　デキコ　確かに掃除って面倒だし…。でも私はいつ掃除したっけ？　シーズンの初めにやるぐらいかなぁ。となると掃除が楽になるっていうより「掃除不要」じゃないと、私には響かないかも。これってほんとうにニーズなのかな？　これらを解決したところでアピールになるのかな？

　行き詰まったデキコは、この分野で経験のある先輩コンサルタントに相談してみた。

　デキコ　いま、クライアント先で次期エアコンの企画の支援をしています。競合他社と比較しながらアピールポイントを検討しているんですが、どこの会社も大きな差がなくて、なかなかアピールポイントが見つからないんですよね。

　先輩　エアコンの機能や性能面に着目しているみたいだけど、エアコン自体が成

熟商品だからなかなか差別化しにくいよね。そういう場合は、お客様がエアコンをどんな使い方をしているかをあらためて見てみたらどうかな。成熟商品の場合は、もう一度この商品の目的に立ち返るといいと思うよ。それにエアコンの掃除をシーズンに１回なんて、デキコさんの使い方はそもそも普通じゃないから、自分を基準に考えないようにね！

　デキコ　先輩、それは言わないでください…。

　先輩　すまん、すまん。それはともかくアンケート結果を見たとか言ってたけど、どんな内容で、どんな結果だった？

　デキコはクライアントに示したアンケート結果のまとめを先輩に見てもらった。

　先輩　あぁ、こういうアンケートね。うーん、顧客の声という意味ではいろいろなアンケート結果を見ることは大事。でもねぇ、いちばん大事なことは「人はアンケートには聞かれたことしか答えない」ってことなんだよね。

　デキコ　え？　どういう意味ですか？　それは確かにアンケートですから質問があって答えがあるわけですが。

　先輩　うん、これらのアンケートの限界は「エアコンへの期待」でしょ。回答者はエアコンのことしか考えないよね。

　デキコ　ええ、でもそれが知りたいことですし…（と言いかけて、デキコはハッとした）。先輩、もしかして「ドリル」のことですか？

　先輩　ド、ドリル？　何、どうしたの急に。

　デキコ　あ、すみません。クライアントの企画リーダーが「われわれはドリルについてばかり考えていて、穴を考えることを忘れていた」っておっしゃるんです。つまりエアコンではなくて、ほんとうは何が欲しいのか考えなければならないっていうたとえ話らしいんですが。

　先輩　おお、その企画リーダーは正しいね。うんうん「ドリル」ってそういう意味ね。私が言いかけた「アンケートには聞かれたことしか答えない」っていうのも背景は同じで、「エアコン」を主題に問うからエアコンのことばかり答える。しかも期待は何かって「項目」があがっていて、それを選ばせる形式のアンケートだよね、たいてい。それをやってしまうと、エアコンに限らず「モノ」についての期待なら、性能と価格が上位にくる。これはどんな製品でもほぼ同じ。性能と価格が大

事なんて当たり前の結果なのに、それを参考にモノづくりを考えるから失敗する。ダメなメーカーはこれを繰り返してるわけ。今回参考にしたアンケートでも「音」とか「デザイン」とか基本的な性能以外のことも項目にあげてはいるんだけど、ここでもう一つの法則が出てくるんだよね。

デキコ　なんですか？　その法則って！

先輩　うん、「人は差がないことは、実は大事なことでも期待しなくなる」っていう法則かな。私が勝手につくった法則だけど。つまりエアコンの「音」とか「デザイン」ってさ、思い浮かべてみてよ。何か差を感じたことある？　売場にいくと白いエアコンばかりで、どのメーカーのどの製品も形はほぼ同じだよね。こんな状態では「期待」が持てないわけよ。まあ、ほんとうに「音」とか「デザイン」が重要かは別として、もし重要だったとしても「選べないこと」については期待をしないのが大多数の人なんだよね。

デキコ　先輩がつくった法則にしても、なんとなくあたっているような…。

先輩　「なんとなく」と言われても、まあ私のつくった法則だから仕方ないか。いずれにしても、考えるべきなのは「期待は何ですか」と言われても、たいていのお客様は「本質的なニーズ」を答えないことは確かだよね。そのあたりを考えて、プロとしてお客様の声を聞いてみるといいよ。

デキコ　確かにそうですね。今回のターゲットとなるお客様の実態を見せてもらってインタビューしてみます。

　デキコは、マーケティング部門に紹介してもらったモニターの家庭を訪問してエアコンの使い方や困っていることをうかがった。

デキコ　弊社のエアコンをお使いいただきありがとうございます。この商品はどれくらい前から使われていますか？

顧客Cさん　5年くらい前からですかね。

デキコ　エアコンの使い方についておうかがいしたいのですが、1年のなかでの使い方を教えていただけますか。

Cさん　春や秋はほとんど使わないかな。梅雨に入ると除湿を主に使っていて、暑くなってくると冷房を使っています。でもうちは共働きで、昼間はだれもいないことが多いから夕方から夜にかけてが使う時間ですね。でもやはり電気代が気になるので、冷房は27度よりは下げないし、こまめに切ったりしています。ずっとつ

けっぱなしのほうが電気代が少ないなんて言っている人もいますけど、あれ本当ですかね？

デキコ　つけっぱなしがいいかは使い方によるみたいです。頻繁につけたり消したりをするのは確かに電気代を食うみたいです。立ち上げ時に電気を食うので。しかしCさんのようにつけない時間が長い家庭では、ちゃんと消したほうが電気代は少ないと思います。

Cさん　冬場はファンヒーターを使うことが多いのでエアコンはあまり使いません。乾燥するし。

デキコ　暖房機能はあまり使わないんですか？

Cさん　朝は寒いので使うこともあるんですが、やはりファンヒーターのほうが早く暖まるんですよね。灯油も高くなってますけど、朝の短い時間で早く暖めたいので。

デキコ　お掃除機能に力を入れている他社の商品もありますが、エアコンのお掃除はされていますか？

Cさん　先ほどお話ししたようにうちは共働きで、なかなか掃除をする時間がないので、あまりしていません。

デキコ　ではお掃除が自動でできたら、うれしいですよね？

Cさん　確かにそうかもしれませんが、そんなにエアコンの効きに変化ありますか？　まあしないといっても年に１、２回はフィルターの掃除はしていますが、簡単にできるのでたいした手間ではないですね。

デキコ　そうすると、エアコンの機能という面では、いま特に不満に思ったり、足りないとか感じている点はあまりない感じですね？

Cさん　そうですねー。

デキコ　では、エアコンを購入されるときはどうやって選ぶんですか？

Cさん　お店に行って、店員さんのおすすめを聞きながら、あとは値段と工事のタイミングですかね。だいたい壊れて早く欲しいときですから。

デキコ　うーん。ではエアコンはちょっと置いておいて、部屋の空気に関して気になっていることとか、やっていることはありますか？

Cさん　空気ですか？　気にしているのは、においかな。うちの奥さんはお香が趣味なんで香をたいたりしています。リラックスできるらしいですよ。あとは…、

コロナになってからやはり換気ですかね。窓を開けられる季節は窓を定期的に開けます。でも雨が降っていたら開けられないし、冷房をかけているときはなかなか開けないですけどね。開けると暑いので。だから空気清浄機も使っているけど、やはりなんか換気したくなるよね。あっ、でもエアコンをつけていれば換気しなくても大丈夫なのかな。

デキコ　エアコンはつけていても換気にはならないですよ。部屋の空気を回しているだけなので。

Cさん　そうなんですか?!　空気が出ているから大丈夫かと思っていました。

デキコ　きょうはいろいろとお話をうかがうことができて、とても参考になりました。いただいたご意見を企画に反映できるように検討したいと思います。どうもありがとうございました。

■デキコの発想

デキコ　商品企画会議で話題に出たとおり、確かに電気代は気にしていて、つけ方なども工夫しているものの、これらは先輩の言うとおり「エアコン」についての期待の典型なのかもしれないなぁ。もちろん電気代は大事だけれど、さほどメーカーや製品間の差はないのだし、実は決め手ではないのかもしれない。

それに、フィルターの掃除もさすがに私のようにシーズンに1回は珍しいとしても、夏の使い始めと夏の終わりに掃除をしているという声も多かったな。となると「手間」と感じるほどの頻度でもないだろうな。

ファンヒーターに負けない暖房というのは確かにニーズとしてありそう。とはいえ本格的な暖房機器としてはファンヒーターを持っている家庭が多いだろうし、これも決め手ではないかもしれない。

でもやっぱりうまく質問したつもりでも、お客様はなかなか「エアコン」から離れて考えて答えてはくれないものだなぁ。ここはコンサルタントとしての腕前を上げないといけないな。

気になったのは「換気」かな。コロナはだいぶ収まってきたけど、やはりたまには空気を入れ換えたくなるっていうのは、みんな何となく考えているんだな。このあたりは家族構成や料理の匂い、ペットの臭いなどいろいろな要因もありそう。空気の「におい」という点では空気清浄機の出番ではあるけれどしっかり換気したい

というニーズもありそうだなぁ。

　そもそも「エアコン」って空気の調整なんだから冷やす・暖めるだけじゃなく「におい」対策や湿度なんかも含めて、ほんとうは期待されていいんだろうな。

　次回の会議で、そのあたりの視点を投げかけてみることにした。

　企画リーダー　前回のミーティングのあと、開発部門と消費電力を下げる可能性について議論してきました。インバーターの改善やコンプレッサーの改善で多少下げることができそうだけど大きくは変わりそうになく、各社とも行き詰まっていると思うとのことでした。ほかのどんなニーズに着目したらいいか、みんな考えてきてくれましたか？

　デキコ　あらためてモニターの家庭を訪問してエアコンの使い方などをインタビューしてきました。消費電力や掃除の手間を減らすというのも確かにニーズとしてはあるんですが、それほど強いニーズは感じませんでした。

　新たに発見できたことが換気です。コロナになってから、かなりの頻度で換気をする習慣がついたけれども、我慢してしょうがなくやっていることがわかりました。この点は、なんとかなりませんか？　エアコンをつけていれば換気できているという誤解もあったんですが、それでも窓開けをしているみたいでした。

　企画リーダー　うーん、それをやるには配管の構造を大きく変えなければならないから、めちゃくちゃ大変だね。いまのエアコンは空気を室内で回しているだけだからね。でも確かにコロナから換気に対する意識は変わったよね。業務用では換気するタイプの商品もあるからね。検討する余地はあるかもね。

　デキコ　では、ほんとうにそんなニーズがあるのか、もっと調べてみます。今回は1件のモニターだけのインタビューなので、そこを増やして調べてみましょう。開発部門の皆さんには、外気入れ換え方式が技術的に可能か、実現しようとするとどれくらいのコストアップになりそうなのかを検討していただけますか。ただ、「換気」ということがエアコンの本質的な機能だとは思うのですが、そこはもっと深めることが必要だと思います。

　企画リーダー　え、「本質」ですか…。コンサルタントらしい表現だなぁ。どういうことですか？

　デキコ　エアコンって、エアコンディショナーじゃないですか、もともと。なのに私たちは温度と電気代という表面的なことにこだわりすぎていたと考えているん

です。エアコンが設置されている部屋の空気をどう調整するか。空気の調整って、温度だけじゃないですよね。「換気」という場合、お客様は何を求めているのかって、もっと考えたいんです。お話をうかがったお客様は「におい」のこともおっしゃってました。料理の匂いからペットの臭いまで、いろんなにおいがありますよね。それらも「換気」という表現には込められていると思うんです。それに、収まってきたとはいえコロナ問題で注目された換気はウイルスの密度の問題が頭にありますよね。コロナがあったことで空気は汚れているという感覚が広く浸透したと思うんです。なので温度だけじゃなく、換気。においも空気の汚れも、湿度もまとめて換気。なんか短絡的かもしれませんが、エアコンを使って電気代を気にして、ファンヒーターを入れて灯油代も気にして、それでも換気したい。そこにヒントがあると思うんです。

　企画リーダー　確かにエアコンが温度と電気代だけで語られるのは狭すぎるねぇ。「換気」の本質はまだまだ探れていないけれど、まずは技術的に可能なのか検討してもらおう。そして何より、顧客調査をもっと広げて核心に迫ってみよう。

解　説

　今回の事例でのポイントは、エアコンという商品そのものではなく、空気や空調プロセスに着目した点にあります。

　当初の企画検討では

◆ 電気代をいかに節約できるか（省エネ）

◆ 掃除の手間をいかに減らすか

◆ 冷房性能をいかに良くするか

◆ ファンヒーターに負けない暖房性能をいかに実現するか

といった、エアコンの性能や付帯機能をいかに良くするかに着目していました。

　商品企画の場面では、とかく従来の延長線上で商品の機能や性能の改善アイデアを出しがちです。競合他社の商品を分析して、自社の商品で劣っている機能や性能の改善に着目することが頻繁に見られます。商品企画としてはとても考えやすいアプローチですが、特に成熟商品においては、それでは顧

客ニーズに応えられないことが多く、応えられたとしても他社と横並びで大きな差をつけたり、新たな価値提案とはなりにくいことが多くあります。

　ここで、空気や空調プロセスに発想を変えたことが大きなポイントです。
◆空気に求めていることは何か？
◆空調すなわち、空気を調整するということは何を調整することなのか？
◆そこまで考えたときに、空気の何を調整したいのがニーズなのか？

　ここまで空調を広げることにより、「エアコンで外気と入れ換える」という発想をすることができ、企画の方向が一つ見えてきたといえます。

　その後のインタビューでも、エアコンの機能に関する質問ではなく、「空気」について聞くことで新たなニーズが発見できました。どうしても目の前のエアコンの機能や性能の改善案を考えがちですが、前後や周辺を含めて、お客様の「空気の環境を良くしたいという要望に応えるにはどうしたらいいか」「本質のニーズは何か」を導き出せるよう、広範囲に捉えて考えるようにするといいでしょう。

　エアコンという商品ではなく、その前後のプロセスを考えたり、周辺も含めて顧客も意識していないニーズを探ることで見いだされた「空気の入れ換え」「換気」という、いままでにないニーズが発見できました。今回の例はメーカー自身が、それはエアコンではできないと思っていた、あるいは今回の検討範囲外と、暗黙のうちに決めつけてしまっていたともいえます。自らの常識や当たり前を取り払ったうえで、あらためて顧客は何を求めているかを考えることが重要です。

こだわりソースメーカーの
商品開発・改良

　デキコは「コリンク食品」のソースの商品開発会議に参加していた。

　開発スタッフ　うちのソースは添加物も一切使わず、素材にこだわった製法をして
いて、食べてもらえば、絶対に美味しいと思ってもらえるはずなのに、いま一つ
売れていないんですよ。何か打開策はないですかね。

　デキコ　ソースですか、確かにうちの冷蔵庫にもありますが、失礼ですがコリン
ク食品さんのソースではなく、もっとメジャーなＡ社のものですね。

　開発スタッフ　やはり、そうでしたか。でもうちのソースには自信を持ってい
て、メジャーなメーカーにも負けない、こんなことを言うとあれですが、味・品
質・こだわりではどこにも負けない自信があるんですよ。うちは、大手メーカーの
ような販路があるわけでもなく、大量生産もできませんが、もっとうちの良さをわ
かってもらい、ファンを増やしたいんですよ。なんとかいいアイデアの検討をお願
いします。

■考えてみましょう

　自社製品の味に強い自信を持つ食品メーカーの、ソースの売上低迷を打開
する方策として、どのようなアイデアが思い浮かびますか。

■デキコの発想

　「そんなに自信があるんだったら、その良さを伝えられていないのでは」
と思い、コリンク食品のホームページを見てみたところ、確かに厳選された
素材、食品添加物不使用、醸造・熟成などの製造プロセスなど、さまざまな
こだわりが記載されている。

　参考までに、他社のホームページも見てみたが、食品添加物不使用の記載

の有無に違いはあるものの、同じようなことが書かれていて、何が違うのか
わからなかった。

　コリンク食品の製品のパッケージを見ても、ウスターソース、中濃ソー
ス、とんかつソースという種類の横に「厳選素材にこだわりました」とは書
いているが、やはり違いがわからない。試しにとんかつソースを買って、お
惣菜のとんかつにかけて食べてみたが、確かに美味しいような、普段買って
いる大手メーカーのものとそんなに変わらないような…。それでも、こだわ
りを意識して食べてみれば満足感は上がるかもしれないとも思ったデキコ
は、良さを伝えることが足りていない点はあるので、まずはパッケージデザ
インを変更し、こだわりが伝えられるよう提案することにした。

　デキコ　皆さんの商品は、パッケージデザインからは、その良さやこだわりが伝
わらないので、パッケージデザインの変更を提案します。

　開発スタッフ　（がっかりした様子で）パッケージデザインの変更はこれまでも
やってきました。しかも、食品表示基準で記載しないといけない項目が決まってい
るので、その表示を法令に従ってきちんと行うとなると、そんなにいろんなことが
記載できないんですよ。何かもっと別の提案を期待していたのになぁ…。

　デキコ　これまでもそうした検討はしてきたのですね。申し訳ありませんが、も
う一度、検討させてください。

　デキコは、ソースに対して特にこだわりもなかったことから、自身の発想
だけでは限界があると思い、周囲の人に話を聞いてみた。

　デキコ　先輩のおうちではソースはよく使いますか。

　先輩A　うちは育ち盛りの子どもが二人いるので、揚げ物を惣菜で買ったり、週
末は自分で揚げたりしてよくメニューに出るから、ソースは使うわね。あと、子ど
もたちは焼きそばも好きだから、でもソースは一緒についているのを使ってしまう
かな。

　デキコ　ソースを選ぶときに、こだわりはありますか？

　先輩A　うちはたくさん使うから、スーパーでよく置いているメーカーのを買う
よ。中濃とかとんかつとかあるけど、なんとなくいつも中濃を買うわね。中濃だっ
たらいろんなものに合いそうだし。特にこだわりはないかな。

　デキコ　こだわってつくったソースとかがあれば、使ってみたいですか？

先輩A　ソースの味とか意識したことないけど、うーん、うちの子どもたちが満足しているから、いまのままでいいかな。

デキコ　ご意見ありがとうございます。

　先輩Aのようなお客様は、コリンク食品のターゲットではないのかもしれないので、ほかの人にも聞いてみたが、皆、特にこだわりはなく、最寄りのスーパーで売っているものを買っていた。使っているソースの種類も1つという人が多いなか、料理の味に一家言あり、ちょっとマニアックな先輩からは、思いがけない視点での話を聞くことができた。

デキコ　先輩はソースを使われますか。

先輩B　しょっちゅう使うわけではないけど、冷蔵庫にはウスター、とんかつ、あとは特に濃さを表示していないものの3種類があるかな。

デキコ　3種類も使っているんですね。

先輩B　そりゃそうだろ。エビ・イカ・アジとかの魚系のフライはウスター、とんかつにはとんかつソース、焼きそばをつくるときには添付のソースだけではなくウスターと、特に濃さを表示していないものを混ぜるとか、料理に合わせているよ。

デキコ　ソースはどうやって選んでいるのですか。

先輩B　最初の頃は近所のスーパーに置いてあるメジャーなメーカーのものを使っていたけど、ちょっと高級なスーパーとかデパ地下に行くと、いろんなメーカーのソースが売っているのを見つけて、それから、いろいろと買うことが多いかな。よくあるソースよりは高いけど。あと、通販サイトで探すこともあるよ。デキコは見たことあるの？

デキコ　恥ずかしながら、ちゃんと見たことがないです…。

先輩B　まずは見に行ったほうがいいよ。で、選び方だけど、素材、食品添加物不使用、製法のこだわりとかあるけど、最後は「カン」かな。いいと思って買っても、食べてみたら自分の好みではなかったり。通販サイトの口コミを見たりもするけど、味の好みは人それぞれだからギャンブル要素もあるよね。評価が高くても、自分の好みではなかったり。口コミの良かった大手メーカーのソースは甘すぎて自分には合わなかったなあ。あと、職人のこだわりを前面に出したソースも、期待して買ったのに好みの味ではなかったということがある。

デキコ　そんなに違いがあるんですね。味が好みではないソースはどうしているんですか。

先輩B　もったいないから、我慢して使うべきなんだけど、結局は冷蔵庫の肥やしになって、あるときに気づくと「いつ買ったんだっけ」となって、結局は捨てちゃうんだよね。食品ロスとか問題になっている昨今の状況から見たら、なんとなく後ろめたいし、ほんとうはよくないけど。なんでそうなるかというと、さっき3種類と言ったけど、種類は3種類だけど、5本くらいが冷蔵庫に入っているときもあるかな。1回食べてみて、「これは違う」となるとね、せっかくの食事だから美味しく食べたいし。もったいないからソースを使ったレシピとか検索して、レバーのソース煮とかつくってみたりしたけど、そもそもの味が好みでないからね。

デキコ　値段も一般的なソースより高いでしょうから、もったいないですね。もう一つおうかがいしたいのは、何かこだわりとか、こうなったらいいなということはありますか。

先輩B　「ソースの保管は冷暗所常温で」とあるけど、やっぱり冷蔵庫に入れるよね。でも、温かいフライに冷たいソースをかけるのって、せっかく熱々のフライを冷やしちゃうのでよくないから、たとえばお惣菜のフライを買ってきたときは、あらかじめソースは先に皿に必要な分だけ出して常温にしておいてから、温めたフライに使うようにしている。それと、開栓後はお早めにって、いったいどれくらいの期間なのかわからないのも困るかな。冷蔵庫の肥やしになる家庭って結構あるんじゃないか。

デキコ　ありがとうございます。とても参考になりました。

先輩B　あと、余計な情報かもしれないけど、動画サイトで外国人に日本食をごちそうするチャンネルのなかで、とんかつを食べるケースもよくあって、そのときの外国人の反応は、一様にソースの美味しさに感心しているね。海外では、日本にあるようなソースがないみたい。ソースのもともとはイギリスのウスターシャ地方でつくられていて、ウスターソースの語源らしいけど、それが日本に入ってきて、日本人や日本料理に合う味に…。

　先輩Bの話をもとに、海外版の通販サイトで日本製のソースの評判を見たところ、高評価が多く、しかも揚げ物だけではなく、さまざまな食材にかけたり、料理に使っていることもわかった。そこで、ここまでこだわる人もい

るのかと思いながら、いままで意識していなかったソース売場を見にいくことにした。

　近所のスーパーでは、デキコもよく知っているメーカーのソースが、ウスター・中濃・とんかつの3種類、あとは、ほかのメーカーの手頃な価格のもの、通常とちょっと高級なものがラインナップされている。少し高級なスーパーに行ったら、有名メーカーに加えて、見たことがなかったソースが数種類あったが、コリンク食品の商品は扱いがなかった。デパ地下2ヵ所にも行ってみたが、1店舗は高級スーパーと同じような品揃えで、ラインナップも似た感じだった。

　もう1店舗は、種類も豊富で、コリンク食品の商品もあり、さらにバイヤーおすすめなどの表示もされていた。種類は、デキコも知っているウスター・中濃・とんかつの3種類だったり、特に濃さの表示がないもの、お好み焼き用、焼きそば用など特定の料理向け、万能ソースというものもあった。商品のラベルには、味そのものを表現しているもの、職人のこだわりを主張しているものなど、さまざまだが、容器のサイズは、だいたい同じ容量のものが並んでいた。

デキコの気づき

◆お子さんがいるなど家族が多い家庭では、揚げ物のメニューが頻繁だとソースの消費量は多いが、話を聞いた限りでは、ソースへのこだわりがなく、コリンク食品のターゲットにはなりにくそう

◆ソースにこだわりがある人は確かにいて、こうした人を第一のターゲットにすべきではないか

◆ソースを食材に応じて使い分けしている人はいる

◆好みの味かどうかは買ってみないとわからない

◆ソースの温度にまで注意を払う人は、冷蔵庫から出して常温に戻している

◆好みの味ではないと、結局はあまり使われず、捨てられてしまう

◆食品ロスが社会問題になっていることへの罪悪感はあるが、美味しく食べることのほうが優先される

◆賞味期限がよくわからないことも、使い切らずに捨てられる原因

◆海外には、日本のようなソースはなく、外国人にも好評らしい

◆一般的なスーパーでは、大手メーカーのソースが占有しており、スペース
　から見てもコリンク食品が陳列されるのはむずかしそう（多数派である、
　ソースには特にこだわりがないような人たち向け）

◆デパ地下のような、こだわりの商品が並ぶ売場にはコリンク食品もある

◆ソースは、ウスター・中濃・とんかつの3種類かと思っていたが、必ずし
　もそうではない

◆特定の料理向けなど用途を限定しているソースは、味やこだわりが表示さ
　れているものの、それを想像するのはむずかしい

◆容器のサイズはだいたい同じ。家族が多い人はいいが、一人だと使い切る
　のがむずかしそう

　これらを参考に、デキコは商品開発会議にのぞんだ。

デキコ　先日は大変失礼しました。今回は皆さまにぜひ検討していただきたいアイデアを持ってきましたので、ご検討よろしくお願いいたします。

開発スタッフ　よろしくお願いいたします。

デキコ　まず、最初に確認ですが、皆さまにとってのお客様とは、皆さまのこだわりがわかるお客様を中心にそれを広げていきたいのか、それとも、ソースには特にこだわりはなく、最寄りのスーパーで大手メーカーのソースを買っているお客様にもまんべんなく買っていただきたいのかのどちらでしょうか。

開発スタッフ　私たちとしては、まずは前者の、こだわりがわかるお客様層にコリンク食品を選んでいただき支持を得たいと考えております。後者である、多くのお客様も対象にできたらいいなと思います。そうはいっても、販路拡大や生産能力の課題もあるので、前者優先で、その後、後者にもと考えたいです。

デキコ　わかりました。それでは前者の、こだわりがわかる方を優先で考えましょう。

　デキコの提案は、以下のとおりである。

【提案1】

　こだわりのあるお客様ほど、ソースの味に敏感。選ぶのはギャンブルという声も聞かれる。そのため、

◆素材や製法のこだわりによって、どのような味になっているのかを示す

◆味については、塩味・甘味・辛味・うまみコクなどのバランスについて、できるだけ客観的に表現できないか

◆お試し的な少量容器の組み合わせで、ギャンブル要素のリスクを減らし、自分の好みの味を発見する楽しみを付加できないか

　また、料理によってソースの濃さを使い分けるという声がある一方で、メーカーによっては濃さを表現していないものもあるため、

◆濃度の違いのラインナップを継続するのか、おすすめ料理の種類別とするのか、万能ソース化するのか

◆それとも、料理の味を引き立てる、ソースそのものの美味しさをプラスして相乗効果を出すなど、ソースの性質を明記するのか

◆コリンク食品のこだわりは十分に理解しているが、たとえばちょい足しすることで、自分好みにしたり、料理のバリエーションを増やす提案ができないか

【提案2】

　家族が多いと食品ロスにはなりにくいが、たとえばお一人様だと開封してから使い切れず、賞味期限もわからないためどうしても廃棄してしまうという声がある。そのため、

◆容器のサイズそのものを見直す

◆小分けのパック方式にする（ただし、お弁当などについている一般的なものとは異なり、こだわりは十分に表現する）。これは冷蔵庫で冷えたソースを温かいフライなどにかけることの防止にもつながる

◆容器そのものの工夫で、安心して常温保存できる（開封日の記載欄もラベルに表示）

◆地球環境についての問題意識の高まりから、エシカル消費（倫理的消費）の意識が高まっているといわれている。消費者一人ひとりが社会課題の解決を考慮したり、課題解決に取り組む企業を応援しようという考え方である。典型的な課題として食品ロスがあるが、その削減に配慮している企業というイメージアップにもつながる

【提案3】

　コリンク食品を知ってもらう機会を増やすために、

◆たとえば、とんかつチェーンなどとコラボして、コリンク食品のこだわり
　ソースを使ってもらい、その際に小分けソースをサンプルで配布
　　→ QR コード記載で通販サイトに誘導など、味の良さをわかっていただく
　　　機会を増やす
◆外国でも日本のソースの評価が高く、外国人が日本で食べた料理には寿
　司・天ぷら・ラーメンだけではなく、とんかつも多いので、外国への販路
　拡大も検討する
　　　：

　開発スタッフ　ありがとうございます。これまでずっと、「わが社の味」にこだ
わりすぎて、その良さを活かすことを多面的に考えられていなかったことがわかり
ました。そして、ほんとうにお客様となっていただきたい方についても、わかる人
には理解いただけるという姿勢が強く、お客様の洞察が足りなかったと思います。
すぐできそうなことと、これからさまざまな検討を重ねていかないといけないこと
もあると思いますが、ぜひ積極的に取り組んでいきたいと思います。
　デキコは、最初は「良さを伝えたい→上手に伝える方法を考えればよい」
と短絡的表面的に考えていたが、お客様を洞察したり、現場の観察によって
多面的な視点に気づくことが大事であり、それによっていろいろなアイデア
を導き出すことにつなげられた。

解　説

　「商品へのこだわり」が強いとそれをどう伝えるのかに目が向きがちです
が、そもそも商品は商品だけで価値を生み出すものではありません。ソース
も、選ぶ・買う・使う・食べる・保管するというプロセスのなかで、どのよ
うな体験をするかを含めて価値があります。
　したがって、インタビューや現場観察においてもこうしたプロセスを意識
する必要があります。また、今回のように中堅で大手と同じ戦略が取れない
企業の場合、お客様はだれなのかという視点も特に意識する必要がありま
す。
　たとえば、

◆ 選ぶ・買う際に「わかる人にはわかる」、裏を返せば「多くの人には伝わらない」というリスクを減らすために、こだわりの点をわかりやすく表現するといった工夫、「おためし」で実際に使ってみて理解してもらう工夫、有名なとんかつ店とのコラボで信頼感をアップする、など

◆ 使う・食べる機会を増やすために、料理への活用の幅広さ＝さまざまな料理に対して、ソース中心、ちょい足し、味のカスタマイズ・ブレンドなどによる活用方法の提案

◆ 保管の際の、エシカル消費の潮流も踏まえた食品ロス軽減のための容器サイズ変更・開封日の記載欄・小分け化

◆ 上記のような視点を得るために、インタビュー対象は、一般的なお客様とソースにこだわりのあるお客様を意図的に設定する。また、現場観察ではソースをたくさん使うとんかつ屋などの業種から海外顧客の評判が発見できたように、だれをお客様とするのかを明らかにする

　今回の事例は「こだわりのソース」でしたが、異なるタイプのお客様の体験プロセスを洞察することによって、多面的な視点からの体験価値を向上するための発想が生まれることがわかりました。

農作業の改善につながる新商品開発

デキコはクライアントのセンサーメーカーの新事業企画会議に参加していた。

企画リーダー　いま、農業っていろいろ問題あるよね。後継ぎがいなくて耕作放棄地が増えていったり、食品自給率の問題もあるし、最近は値上がりも大きい。その背景には気候変動だったり、ウクライナの紛争があったりもする。変化している農業分野だからこそ、何か新事業が考えられないだろうか？　国も力を入れているよね？

デキコ　確かに、農業の改革は国としても力を入れて取り組もうとしていますよね。このあたりも稲作農家や果物農家が多いから、ヒアリングしてみてはどうですか？　御社にはいろんなセンサー技術もあるから活用できるかもしれません。

Bさん　確かにそうですね。実家で田んぼをやっている社員もいるから聞いてみましょう。

企画リーダー　では、Bさん、デキコさんと一緒にヒアリングに行ってもらえますか。次回の企画会議でその結果を検討してみましょう。

デキコはBさんと一緒に工場近くの稲作農家を訪問し、話をうかがった。

デキコ　お忙しいところありがとうございます。今回は農家さんの作業を改善できればと思ってお時間いただきました。どれくらいの田んぼをやられているんですか？

農家Cさん　そうねー、うちは10haくらいかな。

デキコ　トラクターやコンバインもお持ちのようなので、かなり機械化されていますよね？

Cさん　そうだね、あとは田植え機もあるから、かなり機械使ってるよ。最近の機械は性能もいいからね。

デキコ　昔に比べるとかなり手間はかからなくなってますよね。農薬散布もド

ローンを使ったりとか。あとはどのへんの手間が残ってるんですか？

Cさん　そうだね、田植えしたあとの雑草は結構大変かな。すぐ生えてくるんだよね。あれ、ほっとくと稲の育ちが悪くなるから、まあまあ頻繁に取らないといけないんだよね。あとは水の管理かな。

デキコ　雑草取りは確かに大変ですね。あと水の管理ですか。

Cさん　いつも田植えしたあとは水を枯らさないように、田んぼに見に行かないといけないのよ。周りの田んぼもあるから、結構水門開けたり閉めたりするの。水門っていっても木の仕切りを上げたり下げたりするんだけどね。

デキコ　それは大変ですね。梅雨時だと雨が続いたり晴れが続いたり天気も結構変わりますからね。どれくらいの頻度でそれは行うんですか？

Cさん　時期にもよるけど、だいたい田んぼは毎日1回は見に行くよ。雑草の状態も見たいし。

デキコ　貴重なご意見ありがとうございます。いただいたご意見をもとに社内に持ち帰って検討してみます。どうもありがとうございました。

　センサーメーカーではこのようなインタビュー結果などに基づき、水位センサーを田んぼに設置することで水位がコントロールできる機器を開発し発売した。しかし、なかなか市場には広がらず、台数が伸びていかない。

■考えてみましょう

　ニーズは間違いなくあるのに、水位がコントロールできる機器はなぜ売れないのか？　販売数を増やすための方法として、どのようなアイデアが思い浮かびますか。

デキコの気づき

　デキコは事務所で、なぜ水位センサーが売れないのかをあらためて考えていた。何回も田んぼに水位を見に行って、用水路の開閉をしたり手間はかかっている。かなり面倒だと言っていた。そこを楽にしてあげるとうれしいはずなのに、売れないのはなぜだろうか。

　そこで試作品でトライアルをした農家にあらためてヒアリングに行ってみ

た。

デキコ　その後、水位センサーは使われていますか？　どうですか？

農家　おお、あれね、使っているよ。便利だよ。助かってるよ。

デキコ　そうですよね、いい商品のはずなんですが、なかなか売れないんですよ。

農家　そうなんだ、まあうちはタダで入れてもらったからね。あれ買うといくらするの？

デキコ　システム一式で20万円ですね。

農家　そうか、まあまあ高いね。その値段だとちょっと考えちゃうかな。

デキコ　どうしてですか？　だってかなり楽になりますよね？

農家　まあ楽にはなるけど、それで収穫増えるわけじゃないしね。うちから見ると費用が増えるだけ、楽になっても昼寝の時間が増えるだけだからね。ハハハ。

　デキコはこの分野で経験のある先輩コンサルタントに相談してみた。

デキコ　いまセンサーメーカーさんと田んぼの水位センサーの新事業を進めているんですが、なかなか売上が伸びなくて。

先輩　売上が伸びない原因はわかったの？　マーケティングの4P（マーケティングを構成する4つの要素。Product 製品、Price 価格、Promotion プロモーション、Place 流通）で考えてみるとどう？

デキコ　プロダクトとしては、お客様の水位をコントロールする手間はだいぶ解決できているからいいと思うんですよね。価格はちょっと高いかな。農家さんもそう、おっしゃっていました。販売チャネルとプロモーションも連携させているので、認知度も上がってきているはずです。

先輩　では、気になるのは価格だね。その農家さんの投資対効果はどうなんだろ？

デキコ　価格は20万円なんですが、効果か…。確かに手間はなくなるけど、あの農家さんにとっての効果って何だろう。時間が空いた分、昼寝をしているだけって言ってたなあ。収穫が増えるわけではないし。農家さんってそんなに儲かっているわけでもないから、確かに収入が増えないと投資はできないかな。

先輩　とすると、その農家さんとはターゲットが違うのかもよ。空いた時間を活用して、もっと収入を増やすようなことができる農家さんのほうが買ってくれるの

かもしれない。最近の若手の農家さんとかは農作物を出荷するだけではなく、加工をやっていたり、付加価値をつけるような取組みをする人も増えているから。そんな農家さんにアプローチしてみたら。

デキコ　確かにそうですね。空いた時間で昼寝をしているような農家さんはターゲットではないですね。アドバイスありがとうございます。もう一度考えてみます。

■デキコの発想

　作業を楽にするだけでは農家さんは商品を買ってくれない。今回の農家さんのようにあまり忙しくない農家さんでは、ただ暇な時間が増えるだけなのだろう。ということは兼業農家のようなもっと忙しい農家さんならニーズがあるかもしれない。ターゲットが違っていたのかもしれないと、あらためて違うターゲットで考えてみることを、次の企画会議で提案してみた。

デキコ　試作品を使ってもらっている農家さんを訪問してインタビューしてみました。とても楽になってありがたがってくれてはいたんですが、買うまではいかないということなんです。楽になったら昼寝をするとおっしゃっていました。効率化できた時間を有効に使いたい農家さんじゃないとあの商品を買うまではいかないんですよ。

企画リーダー　確かに、農家さんってそんなに儲かっていないから、投資負担って大きいよね。ではどんな農家さんなら買ってくれるんだろう？

デキコ　一つのターゲットは兼業農家や６次産業化を進めているような、作業を効率化したら、その時間をほかの業務に使って収益を上げることに熱心な農家さんがいいのではないでしょうか。あらためて農家さんをセグメントして、ターゲットを設定し直して仮説をぶつけてみてはどうでしょうか？

企画リーダー　そうだね、再検討してターゲット農家さんに提案してみよう。

　デキコは、兼業農家のＥさんに話をうかがうことにした。

デキコ　稲作農家さん向けに、このような水位センサーを開発して提供させてもらっています。これを使用することにより、Ｅさんくらいの田んぼをお持ちの農家さんだと、この時期の水位管理の手間がこれくらい減らせると実験で検証できています。

兼業農家Eさん　確かにこの時期の水位管理は手間なんだよね。ほんとうにそれくらい改善できるといいね。うちの田んぼだと、何ヵ所に置いて、どれくらいかかるんだろう。

　デキコ　そうですね、端末を5セット設置して、センター管理用の1基で、トータルで20万円くらいですね。

　Eさん　まあまあかかるね。でもそれくらい時間ができると、野菜の加工に結構時間を使えるようになるかな。

　デキコ　野菜の加工もやってるんですか？

　Eさん　そうだよ。米だけではなかなか厳しいからね。畑もやっているし、後加工もやってるんだよ。

　デキコ　では、これくらい時間が空くと、どれくらい収益増えそうですか？

　Eさん　そうだね。その年によるけど1年で5万円から10万円くらい増えるんじゃないかな。それくらい収益増えるなら、投資しても回収できるかな。では検討してみるから、見積もりを持ってきてもらえる？

　デキコ　わかりました、すぐお持ちするようにします！　お忙しいところありがとうございました。

　お客様のニーズを解決することが新事業のいちばん重要なことだと考えていたデキコだが、実際にお金を払ってくれるかは別問題であり、BtoBでは結局、利益が増えないとビジネスにはならない。ニーズを解決することは、いうまでもなく大事だが、それでお客様は何がうれしいのかをもっともっと、突き詰めて考えなければならないこと、結局は何が儲けにつながるのかの視点を持つことが大切である。

解　説

　顧客がいいねと言ってくれることと、買ってくれることは、同じではありません。

　顧客は「田んぼの水位管理の手間が減る」ことに関してはとても喜んでくれていました。しかし、手間が減ってどのような利益につながるか？　ここが満たされなければ、購入には至りません。サンプルを設置した農家は、空

いた時間を収益を伸ばす取組みに使っていませんでした。売上がなかなか伸びなかった原因はここにあります。マーケティングの4Pをバランスよく立案しているように見えても、「買ってくれるか」につなげられていないのです。

そこで、空いた時間を別の作業に使うことによって収益を伸ばしたいという農家にターゲットを変更しました。「手間を減らせるとうれしい」農家ではなく、「手間を減らしてその時間を使って収益を増やしたい」農家でなければ、投資対効果を踏まえた購入検討にはなりにくいのです。また、投資効果が実際にどの程度あるのかが明確になると、具体的な商品改善にもつなげられます。

経済活動を行っているBtoBの領域では、経済効果がなければ提案は受け入れられません。

たとえば、ある情報システムについて、このようなシステムを入れると作業が効率化できますと提案する場合、

◆どの程度効率化できるのか
◆それは投資に見合うのか
◆効率化した時間や人はどうするのか
◆空いた時間は別の業務に使うのか
◆それが売上アップにつながるのか
◆人員削減してコスト削減できるのか

まで考えた提案でなければ、導入の検討にはつながらないのです。

BtoCでは個人としての満足感などが重要視される商品もありますが、BtoBでは経済性での効果がまず第一です。最近は、社会性や対環境など違う側面での評価も出てきていますが、まだまだ基本は経済性なので、新しいアイデアを検討する際には、「実際に儲けにつながるのか？」を突き詰めて考えていくことが欠かせません。

ベアリングの改善

　デキコは、クライアントであるベアリングメーカー「精機工業」の開発部門が主催する商品改善会議に参加していた。

　デキコ　営業部門で顧客満足度調査を実施したところ「ベアリングの商品改善」についての問題指摘があったことから、営業担当者が顧客に聞いてみたところ、要するに「ベアリングの寿命を延ばしてほしい」というご意見が多かったそうです。「耐久性」についての改善を要望されているとのことなんですが、開発メンバーの皆さんはどう捉えていますか。

　検討リーダー　耐久性ねぇ。わが社のベアリングが他社より劣っていると考えにくいから、ベアリング全般に対する要望と捉えるべきだろうな。

　開発担当Aさん　ええ、いままでもかなり改善してきたし、競合他社の商品のスペックを見てもあまり変わらないですよね。

　検討リーダー　でも、顧客が「寿命」って言っているし、営業も話を聞いてくれたわけだから、何か問題があるんだろう。検討してみる必要はあるね。

　デキコ　寿命を延ばす、つまり耐久性を高めるためには一般的にどのようなアプローチがあるのですか。

　検討リーダー　ベアリングという特性上、構造、材質、加工という面から考えることになるけれど、いずれにしてもコストをかければ寿命は延ばせますよ。とはいえ今回問題になっているベアリングは特注品の話ではないからコストが大きく上がるというのは受け入れられないと考えるべきでしょう。

　デキコ　そうですよね。こういったテーマでの事例がないか会社に戻って調べてみます。ほかにも御社の経験豊富な技術者の方々の意見も聞いてみます。

■考えてみましょう

精機工業が販売するベアリングに対して、顧客から製品の寿命を延ばして

ほしいという要望が寄せられています。ベアリングの耐久性を高めるための方法として、どのようなアイデアが思い浮かびますか。

デキコの気づき

　デキコは会社に戻り、精機工業や競合他社の製品カタログ、PR資料を机に広げてみた。技術者ではなく専門知識もないデキコではあったが、精機工業は商品のラインナップから、いわゆる高耐久のベアリングについては構造の違いをアピールしているようだ、ということに気づいた。

◆ 高耐久品というと、標準品よりもゴツゴツというか、とにかく堅牢そうなイメージがある。価格は非常に高い。そもそも構造が違うということは同じ用途で置き換えることもむずかしいだろうし、価格が高いならなおさら採用されそうにもない

◆ 他社製品もほとんど見た目は変わらない。ベアリングというシンプルな機能の製品であることから、行き着くところまで改善がされているのかもしれない

　デキコは、構造という意味で的確に評価できているか自信はないが、次に「材質」を見てみることにした。

◆ 金属というか鋼にもいろいろある。標準品はXXだけど、摩耗に強いYYという鋼もある。想像していたものの、素人がどうこう考えても知らないことばかりだが、材質というアプローチはありうる

　デキコはさらに詳しくカタログや資料を見てみた。

◆ 材質とか構造以外にも表面加工というやり方がある。材質や構造を変えたらコストアップはするが、表面加工だけでもある程度効果があるようだ。耐久性を上げる表面処理というアプローチも要検討である

◆ 表面処理なら大幅なコストアップもないのかもしれないから、現場のベテラン技術者にも意見を聞いたほうがいいだろう

　これらの気づきを踏まえ、デキコはの精機工業のベテラン技術者Bさんに意見をうかがった。

　　デキコ　いま、ベアリングの耐久性を上げる検討をしているんですが、構造や材

質から見直すのはコストの観点からもむずかしそうなので、表面処理を改善できないかに注目しています。こんな考え方、どうでしょうか？

ベテラン技術者Bさん　確かに構造は原理的に決まっているから、なかなか変えられないよね。表面処理は確かに検討の余地はあるけど、それほど耐久性が上がるとは思えないかな。それよりも、潤滑油の改善をするほうが可能性はあると思うよ。過去の潤滑油の改善などは調べてみた？

デキコ　潤滑油はまだ検討していません。確かにそうですね。

Bさん　うちの研究所でも潤滑油の研究をしているし、この前、潤滑油メーカーが何か新しいものを提案にきていた気がするよ。

デキコ　ありがとうございます。研究所のメンバーにも確認してみます。

デキコは研究所のＣさんからも話を聞いてみた。

デキコ　いま、ベアリングの耐久性を上げる検討をしていて、ベテラン技術者のＢさんからアドバイスをもらったんです。構造や表面処理を見直すより、潤滑油を攻めたらどうかって言われたんですが、どう思われますか？

研究所Cさん　そうだね、Ｂさんの言うとおりな気がするね。でも潤滑油の改善もなかなかむずかしいかな。ずっと研究はしているけど大幅な改善につながる成果は出ていないんだよね。

デキコ　潤滑油メーカーから新しい提案がきているとも言ってましたが、ご存じですか？

Cさん　その内容なら知ってるよ。でもあまりいい結果は期待できないかなぁ。

デキコ　そうなんですね。何かほかにいい手はないですかね？

Cさん　研究所の先輩にも聞いてみるけど、なかなかむずかしいと思うよ。

デキコ　お忙しいところありがとうございました。また相談に乗ってください。

デキコは再び商品改善会議に参加した。

検討リーダー　デキコさん、うちのメンバーたちからいいアイデアは出ましたか？

デキコ　ベテラン技術者のＢさんと、研究所のＣさんに相談してみました。構造の見直し、材質の見直し、表面処理の見直し、潤滑油の見直しなど、いろいろ検討してアドバイスをもらいましたが、どのアプローチも期待されるほどの耐久性の改善につながる手はなさそうです。

検討リーダー　そうか、どうしようか。顧客の期待には応えたいし、営業も顧客から意見を聞いた手前、何も成果なしでは納得しないだろう。1週間後にまた会議をやるから各自検討してきて持ち寄るようにしよう。

　　数日後、デキコはこの分野で経験のある先輩コンサルタントに相談してみた。

　　デキコ　いま、ベアリングの耐久性の改善をしているんですけど、なかなかいいアイデアが出なくて。

　　先輩　そうなんだ、どんな視点で検討しているの？

　　デキコ　構造、材質、表面処理、潤滑油とかいろんな方向から見直ししています。

　　先輩　確かに、ベアリングという製品はどこも横並びだしね。画期的なアイデアが出たらダントツになれるかもしれないけど、大きな技術革新があるような製品ではないし、いわゆる部品なのだから価格を上げるのもむずかしいだろうね。ところで、なんで営業は「耐久性を上げたい」って言っているの？　いまの製品では何が不満なのかな？

　　デキコ　お客様にそう指摘されたそうですが、でもなぜお客様がそれを求めているかは、具体的には示されませんでした。もう一度、問題のスタートラインに戻って、「なぜ耐久性なのか」を突き詰めてみるのがよいのかもしれないですね。先輩ありがとうございます。また報告します。

■デキコの発想

　　お客様の「耐久性を上げたい」という背景を理解するために、デキコは発端になった顧客満足度調査を見返してみた。耐久性についての高い評価がある一方で、気になる記述も目についた。

【お客様の声】

◆精機工業さんのベアリングは品質も良く他社と比べて耐久性も高い

◆耐久性はどのメーカーも問題ないし精機工業さんの製品も問題はない

◆最適なベアリングを提案してくれていると思うが、どうしてもまれにベアリングの故障が想定よりも早くなってしまうケースがある

◆ベアリングに摩耗はつきもの。こちらが気をつけて定期的に交換するよう

にしているが、なかなかベアリングの耐久性が予想できず、交換が間に合わないことがある

◆ 製品の耐久性が高ければもっと寿命が延びてトラブルになる前に交換が間に合うのではないか

◆ いまはどのメーカーのベアリングも耐久性は似たようなものだが、交換タイミングがわからず、結局問題が起こってから交換することになり、ラインが止まってしまう

　そこからデキコは、耐久性や寿命というキーワードにとらわれるのではなく「何が起こっているか」に着目すべきではないかと考えた。すなわち、「ベアリングの耐久性が上がると確かにベアリングの交換頻度が少なくなる。でも結局、故障する前に交換できなければ、耐久性が３年だろうが４年だろうが、回転数が何百万回転できようが数千万回転だろうが、実は問題じゃないのではないか」というものである。

　ベアリングが壊れる前に気づいて交換することができれば、顧客の問題は解消されるか、せめて軽減できるのではないかと考えたのである。

　「だとすると耐久性を高めるために"商品"を改良しても、結局は顧客の役には立たないのではないか」

　「むしろ"いつ壊れるか"がわかっているほうが、役に立つのではないか」

　そこで、耐久性を延ばすという発想から脱却し、「壊れるタイミングがわかる」という方向性のほうが良いのではないかと営業部門とのミーティングでぶつけてみた。

　デキコ　営業部門からご相談いただいた、ベアリングの寿命を延ばすためにどのような改善ができるかをさまざまな方向から検討してみました。開発部門や研究所からもアドバイスを頂戴して検討しましたが、コストをあまり上げずに耐久性を向上させることはむずかしそうです。

　営業部門メンバー　そうなんですか。残念だな。ちなみにどのような改善を検討したんですか？

　デキコ　製品構造や材質・表面処理の見直し、それから潤滑油の見直しについて、研究開発状況や調達先などの情報も含めて検討しました。

　営業部門メンバー　検討ありがとうございます。そうですか。とはいえ顧客の要

望ですからね…。今後どういう検討をしていくべきですかね？

デキコ　はい。実はちょっと仮説がありまして、お客様に確認してみたいので、担当のお客様にアポイントを取ってもらえないでしょうか。

営業部門メンバー　どんな仮説ですか？

デキコ　はい、まだ確信にまでは至っていませんが、耐久性を高める方向ではなく「いつ故障するのかがわかる」という方向はどうかなと…（デキコは自分の考えを説明した）。

営業部門メンバー　うーん。なるほどと思う面と、ほんとうにそうかなという面がありますねぇ。とはいえデキコさんの仮説が正しければ新しい製品にもつながるかもしれないし、ユニークな発想ですね。相談しやすいお客様のところに行ってみますか。そしてあまり押しつけすぎないようにしつつ、お客様にぶつけてみるのは意味があると思いますね。私も同行しますよ。

　デキコは、営業担当者と客先へ向かった。

デキコ　あらためてお時間をいただきありがとうございます。先日弊社へのご要望として、耐久性が高いベアリングをご要望ということでしたが、その背景を教えていただけますでしょうか。

客先担当者　ベアリングは定期交換しているんだけど、その前に故障してしまうことがたまにあってね、ラインが止まると困るのよ。耐久性が高くなるとそういうことはなくなるでしょ。

デキコ　それは申し訳ありません。しかし、耐久性が高くなってもある一定の比率でそのような故障が発生する可能性があります。これ以上耐久性を上げるのは材料費も上がってしまうので、なかなかむずかしいのが現状です。お客様がいちばん困っているのは、ラインが急に止まるのを防ぎたいということではないでしょうか。耐久性を上げるのではなく、故障しそうかどうかが事前にわかるという解決策はいかがですか？　最近はセンサーの性能も上がっているので十分可能性があると思います。

客先担当者　そうねー、その方法で解決できるならいいですよ。でもベアリングがいつ摩耗して故障するのか、測定できるセンサーとかアルゴリズムとかあるものですかね。どのようなデータを取ると、どのようなことがわかるか、いままで検討したことありますか？　あるなら今度教えてもらえますか？

デキコ　まだ実績は少ないものの、弊社のグループ会社で試験をしている製品がありまして、簡単にご説明しますと、ベアリングの回転時の振動を測定する仕組みです（デキコはお客様に説明した）。

客先担当者　うーん。なるほど確かに理屈は合っていますね。問題はうちが使っている環境のなかでうまくセンサーが機能するか、そして故障の可能性がデータに表れるのかあたりですね。言うのは簡単ですが、ここからがむずかしそうですね。

デキコ　無理だと思われますか？

客先担当者　いやいや、すばらしい発想だと思います。メーカーさんは「モノ」で価値を発揮してくれているわけですが、われわれはベアリングというモノに価値を感じているのではなく、本質的には「安定して回転する装置」なわけですよ。それがモノではなくセンサー、センシングと予測で提供されるとなると、とてもユニークです。何より、われわれのことを真剣に考えてくれたからこそのアイデアだと思います。テストでも実験でも協力します。ぜひやりましょう。

解　説

　顧客の要望は「耐久性を延ばしてほしい」ということでしたが、顧客の言うままに対応しているだけでは、必ずしもいい解決策になりません。示された要望の裏側にある、ほんとうに解決したいことが何かをよく考えること。そのためには、いろいろな人と議論したり、顧客の現場をつぶさに観察したり、顧客が言っている背景を考察することが重要です。

　最初は、製品をどう変えるかしか考えていなかったデキコですが、なんとか改善の方向が見えてきました。どうしても目の前の事象についての改善案を考えたくなりますが、目的をあらためて考えること、一歩引いてみることも欠かせません。目的は忘れがちなので、常に念頭に置いて発想することが大切です。

　今回の事例では、顧客が解決したい問題をあらためて考察することにより、「ラインが突然止まるのを防ぎたい」という真のニーズにたどり着くことができ、他社とは異なる提案をすることができましたが、もしここに気づかなければ、開発にどれだけ苦労しても、あまり顧客のためになる商品とす

ることはできなかったでしょう。多額の開発費をかけたにもかかわらず、あまり売れないという結果になった可能性もあります。

　同様のことは、商品開発の場面では多く見られます。表面的なアンケートでは顕在ニーズを知ることはできても、それが真のニーズではないことも少なくありません。真のニーズを捉えた提案ができているか、ほんとうに価値がある提案かを掘り下げていくことが重要です。あったらいいな程度では、顧客がお金を払ってくれるニーズとはいえません。

II　異なる視点で捉え直す

「あいさつ」のない職場は
エンゲージメントが低い？

　デキコは情報機器の中堅商社の社長以下幹部層に向けて、「エンゲージメント（従業員の働きがいや従業員と組織・経営との関係の強さ）調査」の報告を行っていた。

　デキコ　御社には全国に 50 の支店がありますが、エンゲージメントのスコアには大きなばらつきがあります。その要因は、「受注件数の多さからくる長時間の残業」「人員不足」「職場コミュニケーションの不足」など、支店によりまちまちです。特に職場コミュニケーションは御社全体の結果から見てもエンゲージメントの高低に強く相関しているので、真っ先に取り組むべき要素です。特にこちらの 7 支店は職場コミュニケーションのスコアが大変低く、重点取組み対象の支店だと考えられます。

　社長　なるほどね。確かに職場コミュニケーションというのは、仕事量の多さや人員不足のような、個々人の努力ではどうにもならない要素ではなく、基本中の基本だろうな。

　人事部長　社長がおっしゃるように、職場コミュニケーションが重要なのは、そのとおりだと思うのですが、この職場コミュニケーションの何がどうダメなのですかね。面談のルールは同じですし、どの支店もしっかりコミュニケーションできているはずなのですが…。

　営業部長　そうですねえ、うまく言えませんがこの 7 支店は、私が会議で訪問したときの印象が似ている気はするんですよ。一言で表すなら、暗いというのか…。しかし皆、一生懸命で、パソコンに向かっていたり、商品や部品の在庫確認で走り回っていたりしていて、その点では熱心だし、忙しいゆえの活気はある。でも、なんとなく気になる暗さというのか、明るさがないというのか…。

　社長　二人の意見はそのおりだと思う。私はもっと単純なことが気になっていてね、ちょっと当たり前すぎるというか、「そんなこと」と言われそうなんだが、ポ

イントは「あいさつ」だと思うんだよ。

営業部長 あいさつ、ですか。いやさすがに、あいさつというレベルのことが問題なんですかね。

社長 確かにあいさつは当たり前だし基本中の基本だが、これがちゃんとできているかどうかは、大きくばらついていると思う。私が訪問したときに、明らかにあいさつがよくできている支店と、そうではない支店があるし。

人事部長 いや、社長にはさすがにちゃんとあいさつしますよね。そこに違いはないと思います。

社長 確かに、社長の私へのあいさつはどこの支店も同じで、皆いったん手を止めて立ち上がって、あいさつするわけだよ。しかし私が気になったのは、支店に頻繁にやってくる納入業者や修理委託会社の担当者などにあいさつしているかってことなんだ。もちろん、すべての支店に当てはまるわけではないし、記憶があいまいな面はあるけれど、この問題の7支店は、私の印象では、外部の方々へのあいさつが弱かった気がする。業者さんが「こんにちは！」と入ってきても、入り口近くの従業員がちょっと顔を上げてうなずく程度だったのに対し、職場コミュニケーションのスコアが高い店舗は、そういったあいさつという意味では、かなりよくできていたと思うんだよ。

営業部長 すべてがそうかはわかりませんが、社長の印象どおりという面はありますね。言われてみれば、7支店の多くが私とすれちがっても会釈するかしないか程度といった印象があります。それとは逆に、スコアが良い店舗はたいてい、元気よく「こんにちは」とか「お疲れ様です」などの声が飛び交っていた印象です。

社長 そうだよね。もちろん、あいさつだけでエンゲージメントや働きがいが高まることはないだろうけれど、あいさつがコミュニケーションの第一歩なのは間違いない。あいさつ程度とばかにせず、そこからやってみるという手はあるだろうね。それ以外の施策は検討していくとして、まず当たり前のことをやる、という働きかけだな。

人事部長 なるほど、お考えはよくわかりました。とはいえ、「あいさつをしよう」という取組みは、実は前社長も「あいさつは基本」として社内に発信していましたし、ポスターをつくるなどもしてきました。どうしてあいさつぐらいのことができない店舗があるんでしょうか。

社長　うーん、そこはまあ、何か原因があるんだろうね。デキコさん、ちょっと追加費用がかかっても構わないので、この7支店について「なぜあいさつができないのか」を調べてみてくれませんか。現地に行ってインタビューするなどしてくれれば、それがわかるでしょうから。

　デキコ　は、はい。承知しました。ひとまずいくつかの支店を訪問し、話を聞いてみます。

　社長　まずは、なぜあいさつができないのかという原因を知りたいのですが、支店の話を聞いてみて、すぐに改善できるアドバイスがあれば、われわれへの報告や相談はなしで構いません。どんどん進めてみてください。

　デキコは心のなかで、あいさつが基本なのはそのとおりだけど、「あいさつしましょう」って発信して、決め事にすればできるんじゃないのかな。そんなにむずかしいことなのかな、と思っていた。とはいえ、報告会終了後、デキコは7支店のうちのいくつかに連絡し、支店長、課長層、実務担当者層数名に話を聞かせてもらいたい旨をお願いし、インタビュー調査で訪問することを伝えた。

　インタビューの結果、「なぜ、あいさつが少ないのか」「なぜ、あいさつしないのか」の問いに対しておおむね、以下の意見が寄せられた。

【あいさつがない職場へのインタビュー結果】

◆あいさつが少ないと言われれば、確かにそうかもしれない

◆ほかの支店の経験もあるが、言われてみればこの支店はあいさつが少ない

◆朝はある程度「おはようございます」など声をかけ合っていると思うが、仕事終わりで退社するときは、「あれ、もう帰っちゃったか」という感じの人が多い

◆自分自身もあいさつしてはいないし、みんなもしないので「そんなものかな」と思っている

◆あいさつ促進のポスターは見たことはあるが、あいさつなんて当たり前なんだから、ポスターなんてつくらなくてもいいんじゃないかと思う。とはいえ確かにあいさつはしていない

◆なぜ、あいさつをしないかと言われても、特に困らないからかな。この職場には長くいるけれど、あいさつをしなくても仕事はできているから、別

に問題ないんじゃないか

◆ もちろん、あいさつが飛び交うような職場のほうが明るくて良いけれど、自分から率先してというのは、ちょっとやりにくい。「あいつだけ何やってるの」と思われそう

◆ 前の職場は、あいさつし合う関係だったから話しやすく、相談もしやすかった。お互いのことに気を配っていたから、すぐ助けてもらえたりもした

◆ あいさつしない理由？　それは習慣なんじゃないかな。それも小さい頃からの、家庭の問題じゃないかな。性格の問題とかもね

　どの支店でも、支店長、課長、実務担当者のだれもが、あいさつを嫌っているわけではないと言い、「別に理由はない」という声ばかりが聞かれた。さらに掘り下げて「なぜ、あいさつをしないのか」を聞くと、個人の問題、性格、小学校からの習慣、家庭のしつけなど、いまさら、どうにもならない理由が示された。

　デキコ　あいさつしない理由なんて、確かにないよなぁ。問題解決の基本は「なぜなぜ問答」とか「なぜを5回繰り返す」とか言うけれど、それをやると「しつけ」とか「性格」とか「小学校からやり直し」とかどうしようもない原因にしか、たどり着かないんだよね。どうしたものか。

　困ったデキコは先輩コンサルタントに相談してみることにした。

■考えてみましょう

　あいさつがコミュニケーションの基本であることは、だれもが承知していますが、それがあまりできていない職場も少なくありません。あいさつがされていない原因は何で、どのような手を打てばよいのでしょうか。当たり前にあいさつが交わされる職場とするためのアイデアとして、どのような方法が思い浮かびますか。

デキコの気づき

　デキコ　先輩、こんにちは！　ちょっと困ってるんです。相談に乗ってくださ

い！（デキコは事情を話して意見を求めた）

先輩　はっはっは！　あいさつは「しつけ」ね。そのとおりだよね。習慣の問題だよねぇ。

デキコ　笑いごとじゃないですよ。「あいさつぐらい」って思いたいところですが、クライアントの社長さん直々のオーダーですし、確かに「ぐらい」のことを７つもの支店でできない理由なんか見当たらないんですよ。

先輩　すまん、すまん。これね、私も答えが思い浮かんでいるわけではないけど、典型的に「社会科学」の問題なんだよね。つまりね、たとえば工場で製品をつくっていてネジの留め方が悪くて不良品が出るといった類いの問題は、言い換えれば「自然科学」に近い話でさ、原因が一つあって、そこからある現象が起きて、そしてその結果としてネジが緩むという因果関係が一直線でつながることが多いんだ。けれど、あいさつをしないとか、やる気が起きないとか、報告・連絡・相談ができないといった事柄は、原因は一つではないし、すべての原因を洗い出すことも不可能で、原因を「なぜなぜ」で掘り下げていくと、結局は「その人の性格」「その人の生い立ち」などに行き着くことも多いんだ。

デキコ　そうなんですよ。ましてや、あいさつですから、「普段あいさつしないのか」っていう話なんです。ほんとうに「親のしつけ」の問題じゃないかって思えてきて困ってるんです。

先輩　今回の件で、「これが答え」というところはわからないけど、きっと参考になる事例を一つ教えよう。ある本に書いてあったことで、うろ覚えだから正確じゃないと思うけど、筋はいいから話してみるね。

デキコ　はい、ぜひ！

先輩　熱帯だか亜熱帯だか、木々が生い茂り川が流れている地域にある1000世帯ほどの集落の話で、その集落は都市部や幹線交通からは大きく離れていて、もともと不便な土地柄だった。そこに気候か何かの影響で農作物が不足することが続いて畑も維持できないほど貧しい世帯ばかりになった。ただでさえ物流が行き届いていないことに加えて、貧困も相まって食料が不足し、子どもを中心に栄養失調に陥る世帯が増えていき、いまでは９割もの家庭で、だれかが栄養失調に陥っているという状態になった。

　国としても手をこまねいているわけではなく、食料を届けようとはしているんだ

が、政情不安な面があり継続的な供給が滞っていて、解決の兆しは見えていなかったんだ。そこである国際ボランティアが乗り込んで、なんとか食料を届けたり、畑を開墾し直すなどの支援をしたものの、ボランティアの力ではたかがしれていて成果は遅々として上がらなかった。

デキコ　先輩、ちょっと問題が重すぎますよ。私の相談は「あいさつ」ですよ。

先輩　まあまあ、本質は同じだからもうちょっと話を聞いてよ。じゃあ、ちょっと話を端折るけど、最終的には短期間で各世帯の栄養状態は改善されて急場をしのぐことができ、なんとか物流や食料供給の仕組みが整備されるのが間に合ったっていうことなんだ。それって、どういうことをしたからだと思う?

デキコ　先輩、今度は話が飛びすぎですよ。うーん、でもなんでだろう。短期間で改善されるなんてこと、あるんですか。

先輩　実際あったそうだよ。「答え」というのはね、栄養失調の原因を探して、それを「なぜなぜ」と掘り下げたところにはないんだ。もちろん掘り下げていけば、物流網や食料供給、政情の安定化にはたどり着くんだけど、今回は間に合わないよね。そこで発想の転換が必要なんだ。解決策のヒントは「栄養失調ではない世帯」にあったんだよ。

デキコ　え!　どういうことですか。確かに9割の世帯が栄養失調だってことは、1割は栄養が足りてるってことですよね。1割の世帯は、お金持ちだとか、政府とつながっていて闇の食料が回ってきていたとか…。

先輩　そんな陰謀論で考えても、なんにもならないよ。「答え」はね、栄養十分の世帯では、家の周辺にある食べられるものを食べていたってことなんだよ。

デキコ　どういうことですか?　たまたま果物がたくさんなっていたとか?

先輩　まあ、そういうわかりやすい食べ物はどの世帯でも見つけて食べるだろうけど、そういうことじゃないんだ。つまり「こんなものが食べられるのか」っていう野草や沢ガニ、カエルなどをうまく調理して食べていたんだ。

デキコ　カエル、ですか…。

先輩　生きるか死ぬかなんだから、カエルだって食べるでしょ。だいたいね、カエルはいまでも珍味扱いじゃなくて、ちゃんとした食材でもあるんだから、ばかにはできないよ。そもそも、その集落では、昔は周りに自生している植物や、捕獲しやすい生物をうまく食用に用いて生活していたそうなんだ。文明化したことで、そ

ういった伝統食が忘れられ、実は身の回りは栄養の宝庫だったのに、栄養不足に陥っていたという皮肉な話なわけだよ。

デキコ　考えてみれば、大量に収穫される穀物や新鮮な野菜、牛豚鶏などの精肉なんて、この100年ほどの話ですものね。じゃあ、そういった身の回りの食材をうまく使う方法を9割の栄養不足世帯に教えて立て直していったっていうことなんですね。

先輩　そのとおり。

デキコ　なるほど、すごい話ですね…。でも、この発想とあいさつはどう結び…。
考えるデキコをあとに、先輩は会議に参加するために立ち去った。

■より深く考えてみましょう

　人口の9割が栄養失調に陥っていた村では、短期間で栄養状況が改善されました。この事例から学ぶべき視点はなんでしょうか。

■デキコの発想

　デキコ　先輩の話からわかることは、「問題の原因」を探るのではなく「問題ではないことの原因」を考えろってことかな。いや「栄養十分な家庭は何をしているか」ってことだから、正確には「できている理由」を考えよってことか？　となると、訪問すべきは問題の7支店ではなくて、スコアが高いほうの支店ということとなるよね。よし、行ってみよう！

　スコアが高い、いくつかの支店で社員や支店長にインタビューを行ったところ、以下の点が共通していることがわかった。

【あいさつができている支店の共通点】

◆ 「あいさつしよう」と一人ひとりが強く思っているわけではなく、自然とできている

◆ ポスターの存在は知っているが、「ポスターを見てあいさつをしようと頑張っている人」はいなかった

◆ 朝のあいさつだけでなく、帰りの声かけもできている

◆ 外部の業者さんなどにも、だれかれ問わずあいさつの声があがっている

◆支店長が代わってからあいさつが飛び交うようになった

　そこで、デキコは支店長に聞いてみた。

◆支店長として特にあいさつに力を入れようと思ったことはない

◆支店長である自分の上司はどの人も「あいさつは基本」話していたし、上司みずからあいさつをしてくる人だった

◆支店長である自分も、朝でも帰り際でも、外部の方に対しても、自分からあいさつするようにしている

　また、デキコはしばらくの間、「あいさつがよくできている」支店の片隅に座って観察を続けてみた。

デキコ　うん、確かに問題の7つの支店とは全然違うなぁ。朝などはみんな口々にあいさつしているし。シーンとして集中して仕事している時間帯もあるけれど、だれかが外回りから帰ってきたら支店長が真っ先に「お疲れさん！」って声を出しているね。支店長がいないときは課長がやってたりするな。これはつまり、だれかきっかけになる人があいさつすれば、全体であいさつするようになってるってことか。しかもそのきっかけを支店長や課長がつくっているから、職場としての「当たり前」になりやすいのかもな。だれか若い人が頑張っても空回りしそうだけど、支店長や課長クラスがやっていたら、みんなやりやすいんだろうな。

　デキコはあらためて問題の7支店のうち、ある支店に行って支店長に提案することにした。

デキコ　支店長、あいさつがよくできていた支店は、この支店と何が違うと思いますか？

支店長　うーん、親のしつけ？　ごめん、冗談冗談。

デキコ　はい、冗談はさておき「できていない原因」を掘り下げてしまうと、確かにそうなりますよね。でも、逆に「できている支店は何が違うか」を調べてきたんですが、その結果からお伝えできることは、「えらい人から、あいさつの声を出してください」なんです。

支店長　え？　それだけ？

デキコ　はい。それだけです。もちろん支店長は意識してやってください。そして少なくとも課長さんお二人にもそれをお伝えいただき、必ず自分たちから声を出してあいさつしてみてください。職場の仲間だけでなく、外部の方に対しても、気

づいたら必ず、声をかけてみていただけますか。支店長と課長お二人の行動を目にすれば、職場全体があいさつするようになりますから。

　支店長　ほう、本当かなぁ。でもやってみますよ。全員の意識変革はむずかしくても、自分たちの行動を変えるだけなら確実にできますから。

　デキコは、ほかの支店にも同じことを提案して回った。それから1ヵ月が過ぎた頃、7つの支店の様子を確認したデキコは、あらためて社長を含めた幹部層に結果を報告した。

　デキコ　「あいさつをしない職場」の原因究明ですが、結局、その原因はわかりませんでした。

　社長　え？　それなのに報告ですか。どういうことでしょうか。

　デキコ　はい、原因はわかりませんでしたが、問題の7つの支店には明らかな変化が出てきていますので、報告にあがりました。今回ご依頼いただきました「できない原因」の調査については、発想を転換して、「あいさつができている支店は、なぜできているか」を調べ、そこからわかったことを実際に7支店に伝えて実践してもらいました。本日はその取組みとここまでの成果についてご説明させてください。具体的には…。

　デキコは支店長や課長など上司から先に声を出してあいさつするというシンプルな打ち手とその効果についての説明を行った。

解　説

　「あいさつ」という基本的ながらも、ついついおろそかにしてしまいがちな習慣をテーマに取り上げた今回は、問題発生の原因を掘り下げるアプローチではなく、「できていること」に焦点を当てることで、結果に結びつけることができました。

　今回のアプローチは、「解決志向」と呼ばれる手法を応用したものです。解決志向とは、個人の悩みごとや問題について「できていないこと」に着目するのではなく、「できていること」や「できている場面」「できているときの条件」などに着目して解決に導く手法です。たとえば夫婦仲が悪くけんかが絶えないカップルに、「なぜけんかするのか」と問えば、「夫がこうだか

ら」「妻がこうだから」と批判が始まってしまいます。それを逆に、「どんなときは仲良く話せていますか」「どんな場面ではけんかをしないのですか」「何をしているときに楽しく過ごせるのですか」と問うとどうでしょう。その答えには、「二人が好きな料理をつくっているとき」もあれば、「共通の友人と夫婦でスポーツしているとき」などが出てくるかもしれません。解決志向アプローチでは「問題の原因をなくす」のではなく、「うまくできていることを増やす」と考えます。仲良くできることが多いなら「一緒に料理をつくる機会を増やしましょう」であったり「友人とスポーツに出かける機会を増やしましょう」と促すわけです。

　この会社では、組織全体で見れば、あいさつができている支店がありました。問題のある支店が組織の暗い例だとすると、あいさつができている支店は明るい例であり、これを「ブライトスポット」と呼ぶこともあります。そうしたブライトスポット（明るい点）に注目して、どうすれば同じようにできるのかを学ぶことが、今回の発想のポイントです。

　また、ここでは取り上げませんでしたが、問題があるとされた７つの支店にも「あいさつができているとき」、言い換えると、キラッと光るブライトスポットがあるはずです。あいさつがあまりできていない支店だけど、「どういう場面では」「だれとだれは」「どんな時間帯は」など、できている例を探し、できている条件を再現する。そんな発想があってもよいでしょう。

要望の聞き取りを
改善・提案アイデアに結びつける

　デキコは住宅メーカーA社の営業担当者の会議に、先輩コンサルタントのKと一緒に参加していた。A社は、新築や増改築を行う中小規模の住宅メーカーである。会議では、アフターサービスの担当者がお客様とやりとりした情報をもとに提案やサービス内容の検討が行われた。

　A社の会議ファシリテーター　今回の会議では、3件のお客様との会話を検討したいと思っています。まず1つ目は、当社で新築の住居を建てられたお客様の声です。「音が静かだという評判だったのでお願いしたが、2階の音が響く。そのほかは大変満足しているが、ちょっとその点が残念だ」というものです。担当営業のOさん、いかがですか？

　担当営業のOさん　このお客様はちょっと神経質な感じの方でして…。音は完全には防ぎきれないですし、品質担当にも確認しましたが、問題ないはずだとのことでした。お客様もおっしゃるとおり、基本的にはご満足いただけているようなので、特に問題ないのではないでしょうか？　私から確認とフォローのごあいさつをしておきます。

　会議ファシリテーター　わかりました。では、フォローよろしくお願いします。次は、当社へのリフォーム依頼です。「おじいちゃんが玄関で転んでしまったので、段差をなくしてバリアフリーにしたいのでお願いします」というものです。エリア担当のIさん、いかがでしょうか？

　エリア担当のIさん　はい、さっそく訪問してきます。玄関の段差以外のバリアフリーも提案してみようと思います。

　会議ファシリテーター　よろしくお願いします。では、次です。当社でキッチンをリフォームされた高齢のお客様からの、ちょっとクレーム的な内容です。「いまどきは対面式のキッチンだと言われてそうしたが、吹きこぼれそうなときに回りこまないといけなくて、間に合わないことがある。失敗したなと思っている」という

ものです。担当のMさん、いかがでしょうか？

担当営業のMさん　そうですね…。これはご提案をお客様に受け入れてもらったものなので、いまおっしゃられても…というのが正直なところです。状況を確認してお話をうかがい、ご理解いただけるように話してみます。状況によっては動線を見直す提案をしてみます。

会議ファシリテーター　気分を害していらっしゃるようなので、くれぐれも大事にならないようにお願いします。それでは、本日の会議はこれで終了します。担当の皆さん、対応よろしくお願いします。

　会議終了後に、先輩コンサルタントのKとデキコは会議に出席していた営業部長に声をかけられた。

営業部長　Kさん、デキコさん、会議に出席されていてどう感じられましたか？

デキコ　はい、みなさん誠実に対応されている感じがしました。あとはいろいろと追加提案もされる感じがしてよかったと思います。

営業部長　そうですか…。Kさんはどうですか？

先輩K　実際にこのあと、どういうやりとりがされるのかは興味がありますね。よかったら営業の方に同行させてもらっても構いませんか。気づいたことがあればご報告いたします。

営業部長　それはありがたいです。営業担当者には私から伝えておきますので、ぜひよろしくお願いします。

　会社に戻った先輩Kはデキコに、お客様の元への同行前に考えておきたい点は何かをたずねた。

先輩K　デキコさんはどんなやりとりや対応になると想像できるかな？

デキコ　そうですね…、どの件も実際に状況を確認して、お客様からお話をうかがって、お詫びや提案をする感じになりそうですよね。基本的な対応方向は、営業の皆さんがおっしゃってる感じなのかな、と思いました。

先輩K　なるほど。そうなると現地で何を確認するか、お客様にどんな質問をするかといったことが大事になってくるよね。デキコさんだったら何を確認するか、どんな質問をするか、提案アイデアにどんなことがありそうか、同行前に考えてみてください。

デキコ　わかりました。考えておきます。

　お客様を訪問した折に、どのような点を確認し、その対応としてどのような提案ができるか、想定される事項をあげてください。

■デキコの発想

　デキコは、「Kさんが懸念するほど複雑なことはない」と考えていた。そして、確認事項と提案アイデアを立案したうえで、先輩Kとともに、それぞれの営業担当者に同行し、顧客の状況などを確認した。

【確認すべき事項と顧客の反応】

［2階の物音］

◆音の響き具合や音量を確認する

◆お客様の不満や要望を確認する

◆生活上で音を抑えるポイントや遮音グッズを提案する

　　→営業のOさんはお客様に状況を確認したところ、お客様からは、「会話やTVの音声などは気にならないが、モノを引きずるといったようなときの音が響いて気になる」との話があった。Oさんが遮音性能について説明し、そのほかはご満足いただけていることから、ある程度納得いただけたようだった。訪問を終え、Oさんは「ご納得いただけてよかったです。品質部門にも問題なかったことを共有しておきます」と安堵の表情を浮かべていた。

［玄関バリアフリー］

◆玄関以外でバリアフリーなど高齢者対応を検討している場所がないかを確認する

◆各所を点検させてもらい、玄関のバリアフリーはもちろん、そのほかのバリアフリー提案もする

　　→営業のIさんが玄関の段差を調べ、「これだったら工事で段差解消できます。なるべく早く工事担当者をうかがわせます」と話していた。そして、そのほかにもバリアフリーにしたほうがよい箇所がないか、お客様

の同意を得て確認していった。その間、先輩Kはお客様と雑談していたが、デキコはIさんと一緒に動いていたので、話の内容はわからなかった。

　訪問終了後に、Iさんは「玄関のほかにも提案できそうなところがないか調べたんですが、特に危険な箇所はありませんでした。玄関工事だけになりそうですね」と少し残念そうだった。

［カウンターキッチン］
◆お客様のご不満をうかがい、お客様も同意いただいていたことを確認して納得いただけるようにする
◆要望があればキッチンへの動線の見直し工事をする
　→お客様は高齢の一人暮らしで、足が少し悪い方だった。会話をしている様子から、耳も少し遠いように感じられた。リビングやダイニングからカウンターキッチンへの動線は少々悪く、キッチンの様子も見えづらかった。営業のMさんが話を聞いたが、おおむね事前に共有されていたような内容だった。Mさんはいまよりも少しキッチンに行きやすくなるような動線をつくる工事を提案したが、有料になるのでお客様は工事をしないことにした。訪問後、Mさんは「このタイミングからだと有料工事になってしまうので、お客様には申し訳ないと感じるところもありますよね。こういうのって設計段階でうまくやってくれるといいんですが…」と話していた。

デキコの気づき

　営業同行から会社に戻ると、それぞれの結果について、先輩Kはデキコに、どう感じたか、営業担当者の対応はどうだったかなどを一緒に振り返った。

　先輩K　デキコさん、自分で考えていた仮説と比較して、どうだったかな？

　デキコ　ほぼ、想定内でした。一応、どのお客様にもある程度ご納得いただけたと思いますし、提案すべきことはしたと思います。

　先輩K　では、営業部長には「大きな問題はなく、一通りの対応ができていた」という報告になりそうかな？

デキコ　そうですね。

先輩K　うん、そうしたら営業部長に報告に行こう。

デキコは、先輩KとA社営業部長へ同行の結果を報告した。

営業部長　営業同行ありがとうございました。いかがでしたか？

デキコ　はい、3件とも、ある程度お客様にはご納得いただける説明ができていらっしゃいました。また、対処の提案やアドバイス、プロとして依頼があったこと以上の提案もできていらっしゃいました。

営業部長　そうですか。それはよかった。そのほか、どんなことでもよいので気づいたことがあったら教えてください。

デキコ　私のほうからは特にありませんが…、Kさん、何かありますか？

先輩K　はい、それでは私が気づいたことや、それに基づく提案をお話しさせていただきます。まず、「2階の音が響いて気になる」というお客様ですが、当初アフターサービス担当者からの情報では、どのような音が気になるかが書いてありませんでした。しかし、実際にお話をうかがうと、空気振動のような音は気にならないが、床に直接モノがあたるような音が響くとのことでした。音について具体的に書かれていなかったので、この情報が活用しきれなかった可能性があると思います。営業のOさんは事前に品質部門にも確認していましたが、この情報があったかなかったかで対応に違いが生じた可能性もあると思います。アフターサービス担当者の情報メモの書き方を見直すとよいのではないかと考えます。

営業部長　なるほど…。そのあたりはあまり気にしていませんでしたが、おっしゃるとおりですね。

先輩K　営業担当者の改善という意味でも、今回Oさんがお客様から聞いたこの情報を各部と共有しようとしているかどうかは、確認の必要があると思います。お客様対応が終わったからよし、ではもったいないと思います。

営業部長　ありがとうございます。ほかには何かありましたか？

先輩K　はい、おじいちゃんが転んだので玄関の段差をなくしてほしいというお宅におうかがいした際、私は、そのおじいちゃんの娘さんとちょっとお話ししたんです。どういう状況だったのか聞いてみたところ、「家族の帰りを待ったり、玄関先で月を見たりすることがあり、そのときに転んでしまった。ほんとうはもう少し外まで出ることができればいいのですが、足が悪くて玄関先が精一杯なんですよ」

ということでした。私は、その話を聞いて、このおじいちゃんにとって玄関ってなんだろうと考えてみました。単なる出入口ではなく、一定時間滞在するちょっとしたリビングのような場所なんじゃないかと。だとすると、そういった快適さがある玄関を提案できると喜ばれるのではないかと考えました。そういう提案をしてみてもよかったのかなと。

営業部長　うーん、それは大事なことですね。依頼された玄関の段差だけじゃなく、そのほかのバリアフリー化を検討した点は良かったものの、このお客様がなぜ段差をなくそうとしたかの確認と、それに基づく提案ができていなかったということですね。

先輩K　はい、このあたりのヒアリングのスキルがあがると提案力も高まるのではないかと感じました。

営業部長　ありがとうございます。営業部門で取組みを検討してみます。

先輩K　最後に、カウンターキッチンの件です。これは、お客様の言い方も営業Mさんの受け止めも「動線の悪さ」という感じでしたが、私の考えはちょっと違っていて、「火元への不安があるのではないか」と捉えました。

営業部長　どうして、そう考えられたのですか？

先輩K　はい、いくつか理由があります。お客様は足が悪く、耳も少し遠かったこと。リビングやダイニングからはキッチンが見えなかったこと。そして間に合わずに吹きこぼれてしまうことを気にしていたこと。このあたりが仮説のもととなっています。こういったことから、このお客様は火元に駆け付けられない、いつか大きな事故になるのではないか、といった不安があったのではないかという仮説を立てました。もちろん仮説ですから、外れている可能性もあります。しかし、仮説があれば会話のなかで確認することができたと思います。火元への不安であれば、センサーやキッチンの見通し確保など、動線以外の提案もできたと思います。

営業部長　仮説を立てて、それをヒアリングで検証するということができていなかったんですね。そのあたりのスキルも必要ですね。さっそく取組みを検討してみます。

先輩K　以上が、私が気づいた点です。ご参考になれば幸いです。

営業部長　ありがとうございました。参考にさせていただきます。

　デキコは今回のことを振り返り、「営業担当者以外の改善、お客様インサ

イトの重要性、仮説検証型のヒアリング。いろいろと学びがあったな」と、A社の営業担当の方だけでなく、自身ができていなかったことを痛感した。

デキコ　Kさんはいろいろと気づきや改善点を持ってたんですね。私はまったくできてませんでした。

先輩K　うん、今回のことは、この先も意識してみると、良いアイデアや提案につながると思うよ。

デキコ　今回は勉強になりました。ありがとうございました。

解　説

　改善アイデアや提案アイデアのヒントとなったのは、いずれもお客様ヒアリングから聞き出したことです。ヒアリングし、活用するポイントには、以下のようなことがあります。

◆改善・開発する立場にとって重要な情報は、素人提案かもしれないお客様の要望だけでなく、その背景となった出来事や体験です。そこを生の声として具体的に聞き出します

◆お客様からのヒアリング情報をもとに仮説を立てること。私たちがお客様の声に期待したいことは「答え」ではなく「ヒント」です。答えは持っていなくても、お客様の話からヒントを得られることは多々あるはずです。お客様自身もヒントになると感じていないことも多いので、お客様の声をヒントとして捉え、仮説を立て確認します

◆ヒアリング結果から仮説を立てるときは、お客様の状況や心理になりきって考えること。マーケティングではペルソナといいますが、具体的なプロフィールを持つことで、具体的に考えることが可能になります。その仮説が多くの人に当てはまるかどうかは、その次のステップです。まずは具体的な顧客像をもとに考えることで、仮説や課題、ニーズが具体的に浮かびあがってきます

トイレ清掃を
「おもしろいもの」にする

　　デキコはホームセンターの従業員を対象とした問題解決研修の講師を務めていた。「問題解決」はコンサルタントにとって基礎的なスキルであり、若手コンサルタントのデキコも講師として登壇し、受講者からの質問にも対応するなど、講義を進行していった。

店長Aさん（受講者）　うちの店舗ではお客様から「トイレが汚れている」という声がときどき寄せられていて、清掃を徹底しなければいけないなと考えています。もちろん、清掃は決まったタイミングでしていますが、掃除のやり方が不十分だったり、タイミングを外してしまって汚れた状態が少々長く続いてしまったりしているようなんです。私は新米店長ということもあり、あまり厳しく指導できずに、トイレの清掃という当たり前のことがおろそかになっているのかもしれません。

　　デキコ　なるほど、お客様が利用されるトイレはやはりきれいに掃除されていないといけないですね。それで、どんなご質問ですか？

　　A店長　先ほど「問題とは、現状と理想のギャップ」だと教えてもらいましたが、とするとこの場合の現状は「トイレの清掃が行き届かない」で、理想は「トイレの清掃が徹底されている」で合っていますか？　なんだか当たり前のことを書き出しただけのような気がして、これでいいのかなって思いまして。

　　デキコ　（ちょっと考えて）はい、そのとおりです。清掃という当たり前のことができていない点を問題と捉えて「徹底されている」状態をめざすわけですから、捉え方、問題点の設定はそれでいいですね。

　　A店長　そうですか。確かにお客様からも「トイレの清掃はお店の基本でしょ」と言われたりします。当たり前のことができていないので、そこを問題点として設定していいわけですね。

　　デキコ　おっしゃるとおりです。さらに大事なのは「なぜ」清掃できていないの

か、ですね。皆さんが不真面目、などということはないでしょうから、ついほかの業務が忙しくて、規定された時間より遅れてしまうのか、掃除だからと自己流でやってしまって徹底できていないのかなど、原因を考えてそこに対策を打ちましょう。

　　A店長は納得して検討を続けた。

　A店長　先生、対策案まで作成してみましたが、これでよさそうでしょうか。

【A店長が作成した対策案】

［問題点］

　トイレ清掃が十分にできていない

［想定される原因］

◆担当者が忘れることがあるため

◆清掃の仕方が自己流で十分にきれいにできていないため

◆忙しいときに清掃を後回しにしているため

◆店長、副店長が遠慮も含めてきちんと指導できていない　など

［対策］

◆1日の清掃スケジュール（1時間単位）を表にして事務所に貼り出す

◆事務所で1時間単位でアラームを設定し、清掃し忘れを防止する

◆清掃担当者をメインとサブの2名設定し、メイン担当者が他業務で手が離せない場合、サブ担当者が清掃を行うか、他業務を引き取るか決めて実施する

◆清掃方法が自己流にならないよう写真入りのマニュアルを作成する

◆担当者が清掃したあと、店長か副店長が確認して採点し優秀者は月末に表彰する　など

　デキコ　A店長、いいですね！　清掃ができない原因も「他業務が忙しいから」など、単なる怠慢ではないことに考えが至っていますし、この内容で検討して実行していっていいでしょう。さらに具体的な計画・実行段階では5W1Hで「解像度」を上げて検討いただくと、なおいいですね。

　A店長　ありがとうございます！　トイレ清掃という基本的なことも徹底できないようでは店長失格なので頑張ります！

　デキコ　それでは研修は以上です。最後に、大事なポイントをあらためてまとめ

てみましょう。問題解決は Plan-Do-Check-Action、つまりは PDCA ですから、計画を立てただけでは成果は獲得できません。実践、すなわち Do をして初めて成果が得られるのです。ここは十分に留意してください。Plan の作成ばかり一生懸命になって、実践がともなわない会社も見かけます。実践するために何よりも必要なのは、計画の「解像度」を高めることです。これは、なぜ、だれが、いつ、どこで、何を、どうやるのか、つまりは 5W1H を明らかにするということです。計画のあいまいさは徹底的に排除してください。

　もちろん、一度の取組みで、必ず成果が出るとは限りません。だから Check-Action なんです。実践の結果、意図した成果が出たかどうか、成果が見られなかった場合はどう改善をはかるか、必ず振り返りが必要です。

■考えてみましょう

　トイレが汚れているという苦情もあり、店長のAさんは、トイレ清掃の徹底を課題として掲げ、「問題と原因の検討、立案した対策」をまとめました。デキコはそれを賞賛しましたが、5W1H（なぜ、だれが、いつ、どこで、何を、どのように）の視点で解像度を高めて、担当者、清掃のスケジュールとその方法までをきっちり管理することは、ベストの対策でしょうか。ほかの方法を思い浮かべることはできますか。

デキコの気づき

　研修から1ヵ月がたった頃、A店長からメールが届いた。研修フォローの一環で「相談ごとがあればメールを」ということになっているのだ。デキコは内心「A店長のことだからきちんと取り組んでいるんだろうな」と期待してメールを読み始めたが、そこには対策の行き詰まりとA店長の困惑が表れていた。

　『以前ご相談したトイレの清掃の件ですが、研修のあと、以下のような改善を行いました。

◆当初は開店時・昼・閉店前の3回だったトイレの清掃サイクルを、2時間に1回へと短縮

◆ 当番も明確化

◆ 清掃手順も写真付きのマニュアルで標準化

　しかし最初の1週間は徹底できていたのですが、2週目にはまた状況が悪くなりトイレがきれいに保たれなくなってしまいました。そこで以下のように対策を見直しました。

◆ 清掃を1時間に1回へと短縮

◆ マニュアルも動画で一挙手一投足までわかるようにした

◆ 1時間ごとにアラームを鳴らし清掃のタイミングを外さない

　ところが、それから3週間が経過し、4週間目の現在は、結果として職場の反発を招いて、清掃は形骸化、パート従業員からは総スカンという状況になってしまいました。何がいけなかったのか、問題の原因と対策をしっかり立てて取り組んだのですが、うまくいかず困っています。』

　A店長からのメールを読んで、デキコは、「うーん、何がダメだったのか。清掃をきちんと行うという、いかにもシンプルな対策なのに、なぜできないのかな」とあらためて考え直してみたが、突破口が見出せないことから、「くやしいけれどまた先輩に相談してみるしかないなぁ。このままじゃ、A店長に申し訳ない」と、一部始終を先輩に伝えた。

　先輩　なるほどね、「清掃の徹底」があるべき姿なんだね。それってほんとう？

　デキコ　え？　そこですか？　清掃はやらなきゃダメじゃないですか。あるべき姿で間違っていないですよね。

　先輩　そう？　では清掃って、なぜやるの？

　デキコ　そんなこと「トイレをきれいにするため」じゃないですか。何言ってるんですか。

　先輩　そうだよね、わかってるじゃないか。清掃が目的ではなく、「きれいな状態のトイレ」がめざす姿だよね。清掃は手段だよね。そこは考えたの？

　デキコ　え、禅問答みたいですよ、それ。清掃をちゃんとやるのは、もちろんきれいな状態のトイレをめざしてですが、清掃しなかったらトイレは汚れたままですよ。やっぱり清掃を徹底するのがあるべき姿じゃないですか。

　先輩　うーん、デキコも頭が固いなぁ。もちろんね、清掃の徹底という手段もあるだろうけど、店舗のトイレって、いつ、だれが利用するかわからないでしょ。特

にお客様のなかにはマナーができてない人もいるだろうし、マナーはわかっていても、他人のトイレなんだからと、ついついあらっぽく使う人もいる。小さな子どもやお年寄りなどは、トイレをきれいに使えないかもしれない。そういう方が一人でもいたらトイレは汚れてしまい、最大2時間、いや1時間サイクルだとしても、最大1時間は汚れたままの状態になるわけじゃないか。どんなにトイレ清掃を徹底しても、「みんながきれいに使おうと努力してくれるとは限らない」のが店舗のトイレだから、そこに限界があるんじゃないか。そんな面も考えずに、清掃する側の従業員に、1時間おきの清掃だとか、アラームで清掃時間を知らせるだとか、清掃方法を動画で徹底させる、などしても効果が上がらず、しまいには嫌気がさしてしまうのは、わかる気がするなぁ。

　あ、ついつい熱くなって全部話してしまったね。どう思う？

　デキコ　そうか！　あるべき姿そのものが間違っていました。掃除はどう考えても手段ですね。掃除をすればトイレがきれいになることは、間違いない。でも、だれかが使ったらすぐ汚れてしまうかもしれない。トイレ清掃を徹底してもトイレはきれいに保たれない。そういうことか！

　先輩をあとに残し、デキコは席に急いで戻っていった。

■デキコの再考

　デキコ　確かに清掃という手段を目的に据えて対策を考えてしまったのは私の失敗だったなぁ。A店長は真面目に私の話を聞いてくれて着実に対策も考えて、徹底してくれたのに申し訳なかったなぁ。あくまでもめざす姿はトイレがきれいに保たれること、そしてお客様が快適に利用でき満足していただけること。そう考えれば「トイレの清掃が徹底されないのはなぜか」ということを掘り下げてもダメだな。「トイレが汚れるのはなぜか」から考えないといけないのかもしれない。それをめざして対策の練り直しをA店長とやってみよう。

　デキコは研修フォローのために設定されていた個別相談を前倒しして店舗に向かった。

　デキコ　A店長、一生懸命取り組んでくれたのに逆効果になったり、従業員の皆さんの反発を買ったり、そんななかで一生懸命取り組んでいただきありがとうございます。

A店長　これだけ頑張って取り組んでいるのに、なんでこんなことになってしまったのか…。頑張ると嫌われる、が現実ですよね。いわゆる「出る杭」かな。

デキコ　いえ、A店長、今回の取組みは私も考え違いをしていました。きょうは、あえて違う角度から考えてみましょう。もしA店長がパート従業員の立場だったら、厳しく管理されればされるほど、どう感じますか？

人間はおもしろいもので、ほうっておかれるのも嫌なのですが、厳しく管理されるのも嫌なものです。もしかすると、少し行き過ぎてしまったのかもしれませんね。そもそも私のアドバイスが間違っていたのですが、研修を通じてA店長は

◆現状は「トイレの清掃が行き届かない」

◆理想は「トイレの清掃が徹底されている」

としていましたよね。すみません、ここが私も間違っていたんです。

A店長　え？　どういうことですか？

デキコ　清掃ってあくまでも手段ですよね。もともとの問題はお客様からの苦情でしたし、それは「トイレが汚れている」ということでした。ということは理想、つまりめざす姿は「トイレが汚れない」とか「トイレがきれいに保たれる」と捉えるべきだったんです。「清掃」と決めつけてしまったので「清掃の徹底」しかなくなり、「徹底」となると計画の解像度の話になり、A店長の対策のように細かな管理に行き着くしかなかったんです。でも、2時間だろうが1時間だろうが…（デキコは先輩が語ってくれたことをA店長に伝えた）。

A店長　なるほど。ということは「トイレが汚れる原因」から考えて対策を打たなければならないってことですね。となると、お客様にも協力してもらうことも手段の一つですよね。よく居酒屋とかで「いつもトイレをきれいに使ってくれてありがとう」ってやつありますもんね。

デキコ　はい！　そうなんです。それも一つの手段ですよね。「掃除」から離れて「汚さない」「きれいに使ってもらう」という点から手段を考えたら、もっと良いアイデアが浮かぶんじゃないかって思うんです。

A店長　いいですね、デキコさん一緒に考えてくれますよね！

デキコ　はい、もちろん。それにアイデア発想は多くの人が参加して楽しくやるほうがいいと思います。今度、従業員の皆さんと検討の場も持ちませんか。

後日、デキコとA店長は従業員も交えた検討会を開いた。

■デキコとA店長たちの発想

　検討会の冒頭、A店長は率直にいままでの取組みについて考え違いだったことを詫びた。

A店長　皆さん、清掃ルールを厳しくすることだけが解決策ではないということを、あらためて痛感しました。私の頭が固かったことで皆さんに無理難題を押しつけて厳しいだけの取り組みになってしまっていました。

　A店長が率直に反省を伝えたことで、検討会は話しやすい雰囲気になり、やりとりが活発になされていった。

従業員B　つい1週間前、ゴルフに行ったときのことなんですけど、トイレでおもしろい光景を見かけたんですよ。ゴルフをしているお客様が、はねた水滴をきちんと拭いてきれいにしているんです。びっくりしたので同行者に聞いてみると、どうやらそのゴルフ場の会員のようですね。自分のゴルフ場は大切、資産価値にもつながる、だから積極的にゴルフ場の美化に協力するようなんです。

従業員C　私が見かけたのは、ある家電量販店のトイレなんですけど、トイレブースについている温水洗浄便座のメーカーがすべて違うんです。どうやら、各メーカーの温水洗浄便座を試せる、というのがウリみたいですね。つまりはショールームの代わりです。ショールームだと、汚せないですよね。次の人が待っているのがわかっていますからね。

　その後、何回か従業員を交えた検討会が開かれ、以下のようなアイデアが出されたことをA店長はデキコに報告した。

【アイデアの例】

◆トイレの手洗い場に、店舗で販売している吸水性の高いウエス（台拭き）を複数置く。はねた水を拭いてもらうことで、どれだけ吸水するのかを実感してもらう

◆鏡に付着した水アカをあえて残しておく。隣にクエン酸洗浄剤を置いて「どれだけ水アカを落とせるか、ぜひ試してみてください！」と誘導する

◆ガラスに撥水コーティング剤を塗布しておき、塗布してあることを記しておく。どれだけ撥水効果があるのかを見ることができる。加えてガラスも汚れなくなる

◆ トイレの各ブースに、便座クリーナーをお試し用で複数置いておく。「どの便座クリーナーがお好みですか？」とすれば、お客様が積極的に便器をきれいにしてくれる

デキコ わかっているつもりだったけれど「手段の目的化」の罠にはまってしまったなぁ。5W1H にしても、いちばん大事なのは WHY だって教わってきたのに、そこを軽んじて、いつ・だれが・何を・どのように…って突っ込んでしまったし。同じ間違いをしないようにしっかり教訓抽出しておかなきゃ！

解　説

　「手段の目的化」は常に問題解決の場面で知らず知らず陥ってしまう罠です。トイレの清掃は手段であり「トイレがきれいに保たれること」が目的なのに、つい手段に走ってしまう。そしてさらにデキコが振り返ったように5W1H のなかでも特別なのが WHY、すなわちなぜであり、これはまさに「目的」そのものを指しています。WHY が変われば、WHERE も WHENも WHO も WHAT も、そして当然ながら手段の HOW も変わってしまう。それだけ WHY は特別なのです。

　問題解決思考の基本は、事実を押さえ、あるべき姿と現状のギャップから問題点を明確にし、原因を掘り下げ、手を打つことです。あるべき姿、すなわち目的の捉え方一つですべてが変わってしまうのが問題解決です。「良いアイデアが出てこない」ような場合は、まずは「手段の目的化」をしてしまっていないか考えましょう。そして目的そのものが正しいのか、「当たり前」を疑って考えてみましょう。

　たとえば今回の例では、「清掃」は手段だと気づき「トイレがきれいに保たれること」を目的として考え直しましたが、ほんとうに目的はそれでよいのでしょうか。「トイレはきれいでありさえすればいいのか」「ホームセンターにとってトイレとは何なのか」「ホームセンターにお越しになるお客様にとってトイレはどういう場所であるべきなのか」などをゼロから考えてみると気づくことが増えてきます。

　「暮らしを充実させるホームセンターのトイレ」ですから、単に用を足す

場所ではなく、いろいろなトイレタリー商品を試す場所でもよいでしょう。家族の成長に合わせてトイレのあり方も変わるかもしれません。トイレそのものの目的から見直せば、アイデアの範囲はさらに広がるでしょう。

　そしてもう一つ。目的を見直したうえで、より多くのアイデアを出していくことは、それだけでも価値があります。アイデア発想においてはブレーンストーミングという手法がよく知られており、そこでは、アイデアの数を追い求めるために、相手の発想を批判しない、あるアイデアから連想を広げるといった基本ルールが掲げられています。自分の思考は常に偏っていると自覚し、他者のアイデアを取り入れ、発想を広げる。ありとあらゆる角度から可能性を探ることをおすすめします。そのためにも、ぜひ職場の同僚など、いろいろな方に協力を仰いでください。「複眼」で見たほうが、より多くのアイデアが着想できます。

限界集落における
高齢者の交通手段確保

　デキコはＸ県の県庁で、あるイベントの企画打ち合わせに参加した際、県職員のＡさんから以下のような相談を受けた。いつもは明るい印象のＡさんの表情が、心なしか暗いように感じられた。

　県職員　デキコさん、ちょっと別件で相談があるんですが、うちの県にあるＹ村ってご存じですか。

　デキコ　Ｙ村ですか。申し訳ありません、なんとなく聞いたことがある気はするのですが、記憶があいまいです。

　県職員　はい、そんなものだと思います。自然豊かで、昔はナシの果樹園もたくさんあって、ちょっとした産地として名前が知られていて、まさに里山っていう感じだったんですよ。それがまあ、ご多分に漏れず少子高齢化が進んでいまして、いまでは若い人たちはみんな都市部に出て行ってしまって、過疎化といいましょうか、限界集落といっても過言ではない状態です。一軒ある商店も店主が高齢なので、あと１年続くか、２年続くかという状況です。

　デキコ　そうでしたか。しかしそういう村や集落は増えているのですよね。その対策として「町おこし」とか「村おこし」とかいろいろ聞きますし、今回のイベントもＸ県全体のPRですから、Ｙ村にも何か良い影響は見込めるのではありませんか。

　県職員　いやぁ、今回のイベントは温泉観光と農産物主体のPRではあるのですが、県内の各地に好影響があるようなものではないので、ちょっとむずかしいですね。それにＹ村は交通の便も悪くて、都市部やメインの温泉地からは車で１時間半ぐらいかかりますから、観光などの「ついで」というわけにもいかないんです。

　デキコ　都市部から１時間半程度なら、一時期ブームとなった「里山」を前面に打ち出して、果樹園などを活かした観光などにチャンスがあるのではないでしょうか。

県職員 そういうアイデアが出された時期もあるのですが、具体的にＹ村として何ができるか動く前にどんどん高齢化が進んでしまって、いまとなっては村おこしにしても精力的に進めるような若者もいないんです。村のなかに、新しい取組みを進める人が見当たらなくて困っているんです。

デキコ そうなんですね。むずかしい問題ですよね。Ａさんご相談というのはＹ村のことでしょうか。

県職員 はい、そうなんです。Ｙ村の状況はお話ししたとおりなのですが、特に問題なのがＹ村のなかのＺ地区という集落でして、ここがほんとうに困った状況になっているんです。具体的には交通手段として、これまでは村の一部を通ってＺ地区と都市部をつなぐバスが１日４往復はあったんです。赤字路線だったので民間のバス業者に助成金を出して運行していたのですが、バス業者の人材難と県の予算削減などにより、半年後には１日１往復になることが決まっています。高齢者の免許返納を進めてきた経緯もありまして、バスが大事な交通インフラなのはわかっているんですが、どうにもならず…。

デキコ それはほんとうに大変ですね。１日１往復では、何か街に用事があってもタイミングが合わなければ帰ってこられませんよね。

県職員 そうなんですよ。しかも朝９時台に出て、帰りは都市部を16時過ぎに出るようなダイヤにしかならないので、買い物にしても通院にしても不便極まりなく、それでも廃線になるよりはましなので、仕方ないんです。そこで相談というのは、Ｚ地区の買い物や通院のための交通手段として、既存のバス以外に何かアイデアはないのかなと思いまして。ほかの県の例なども調べてはみましたが、便利で、運営を継続できる交通手段というものがなかなかなくてですね。きっちりした計画でなくて構わないんです、何かヒントでもいいので、ちょっと考えてみてもらえないでしょうか。

デキコ 承知しました。皆さんが考え抜いたうえでのお話かと思いますので、良いアイデアをご提案できそうな気はしませんが、ひとまずやってみます。あまり期待しないでお待ちください。

■考えてみましょう

高齢化、過疎化が急速に進むＸ県Ｙ村のＺ地区の住民が買い物や通院で

都市部に出かけるための交通手段を確保する方法として、どのようなアイデアが思い浮かびますか。

■デキコの発想

　デキコは県職員Aさんからの相談を思い返し、「限界集落」「交通」といったキーワードでネット検索してみた。

　デキコ　限界集落かぁ。温泉観光のイベントの話題から一転して暗い話題だなぁ。とはいえ日本各地で同じ問題は起こっているんだろうな。まずはちょっとネットで調べただけでも、やっぱりたくさん情報が出てくるね。困りごとはどこも同じだなぁ。公共交通機関が充実していない地方では、自家用車が足となっていて、これまでと異なるバスや交通手段も出てきているんだな。使えそうなものがありそうだし、まずは整理してみよう。

【限界集落における高齢者の交通手段】

◆ 国土交通省のモデル事業を利用した事例がいくつかある

◆ 東海地方のある村での「オンデマンド乗合タクシー」

◆ 関西のある村での、自動車メーカーが設立した基金を利用した「オンデマンド交通システム」

◆ 関西のいくつかの自治体が連携した「QRコードでのタクシー事前予約・配車・決済の仕組み」（タクシー利用者の属性データや行動履歴を、新交通サービスの企画に活用したり、地域計画へ反映させたりする）

◆ 山陰のある市での、「定額タクシー」「AIを使った運行経路の最適化や予測コントロール」

◆ 山陽のある地区での、「病院の診察予約と連携した配車サービス」「買い物支援のサービス」

　デキコ　なるほどなぁ。調べた範囲では、IT活用の事例が多く、キーワードとしては「オンデマンド」が目立つな。これって要するに、一人とか二人の利用にピンポイントで交通手段を提供するっていうことだよね。確かに限界集落は人口が少ないので定時にバス1台分の乗客が安定的に発生するわけではないから、必要なときにタクシーを手配するほうが全体のコストとしては抑えられるということか。ま

た都市とは異なり、駅やショッピングセンターにタクシー乗り場をつくっても、人がいつもいるわけではないから、オンデマンドで必要なときに必要な車を差し向けるというのは理にかなっているな。タクシーだから利用者の負担はバスよりかかるけれど、そこは行政が料金を補助すればよくて、スカスカのバスを何往復も運行させるより安上がりなんだろうな。しかもITやAIを組み合わせて、病院の予約タイミングに合わせて車両を確保したり、あらかじめ向かわせるという仕組みもあるんだな。なかなかやるね、すごいなぁ。

　　デキコはこれらの事例を整理してX県のAさんに説明してみることにした。

　デキコ　Aさん、例のY村のZ地区での交通手段の件ですが、ちょっと調べてみたところ、いろいろな取組みがなされているようで、バスではなくてタクシーを利用して、必要なときに必要なところに車両を差し向けるのが基本のやり方ですね。そこにITといいますかデジタルの力で…、

　県職員　あ、途中ですみません。お調べいただいたとおり、事例としては確かにうまくいっていたり、うまくいきそうなものがあるのは承知しています。ですが、それらの事例に似たプランを周辺のタクシー会社に打診したことがあり、その反応が大変悪くてたぶん実現しないと思われるんですよ。デキコさんにはお伝えしていなかったのですが、Z地区はおろかY村にはタクシー会社がないんです。なのでタクシーを利用しようとすると、都市部のタクシー会社ということになるものの、どのタクシー会社もZ地区には配車していないんです。つまり都市部でタクシーをつかまえて「Z地区へ」というのはOKなんですが、「Z地区のどこそこにタクシー1台を回して」というのは受け付けてくれないんですよ。

　デキコ　え！　そんなことがあるんですか？　それって行政からお願いしてもダメなんですか？

　県職員　もちろん強く求めればやってくれるかもしれませんが、往復1時間かかるのに、片道分しか儲からず、補助金もそこまで多額ではないとなると、賛同は得られない感じです。

　デキコ　なるほど。さすがに簡単には解決しないからこそのご相談ですものね。考えが甘く、申し訳ありません。

　県職員　いえいえ、もともと八方塞がりで、何かヒントでもと思っただけなので、むしろ、お調べいただき、ありがとうございます。でも、お願いしている業務

の範囲外なので、ほどほどで結構ですし…。

　その日は手応えのないまま帰路についたデキコは、その後もなんとなく気になって考え続けた。

デキコの気づき

　デキコ　高齢者の交通事情か…。そういえば叔父さんが免許を返納するとか言ってたな。叔父さんのとこは限界集落ではないから、運転しなくても問題ないんだろうけど、嫌そうだったな。70歳を過ぎて運転が危なくなってきたから、免許返納は当然なのに…。ちょっと電話してみようかな、ケースは違うけれど同じ視点で考えられるかも。

　デキコは叔父に電話をかけて聞いてみた。

　デキコ　叔父さん、お久しぶりです！　ちょっと教えていただきたいことがありまして…。先日、車の免許を返納するとかしないとか、お話をされていませんでしたっけ？

　叔父　おお、デキコちゃん、久しぶりに電話してきたと思ったら、いきなりそんな話かぁ。どうしたの？　なんでそんなこと思い出したのかな？

　デキコ　（事情を話す）

　叔父　へぇぇ、限界集落の交通手段ねえ。まあこっちはさ、県庁所在地の市だから、そうはいってもバスも多いしタクシーもたくさんあるし、高齢者割引の制度もあるから、そのY村だっけ、そういうところとは、困るといってもレベルが違うよね。私はたまたま若い頃からずーっと車を利用してきたから、いざ返納となるとやっぱり不便になりそうで嫌だっていうだけなんだよね。

　デキコ　車生活が基本だったでしょうから、お気持ちは、わかります。でもバスもタクシーもたくさんあるので不便に感じることはないのではありませんか。

　叔父　うーん、デキコちゃんも、うちの子どもたちと同じことを言うんだなぁ。もちろんバスでもタクシーでも、交通手段として問題があるとは言わないよ。だけどね、なんていうかなぁ、やっぱり車って好きなときに好きなところに、だれに迷惑かけるでもなく、時間やダイヤを気にすることもなく使えるでしょ。車生活しかしてこなかった私にとっては、バスやタクシーってやっぱり不便なんだよね。

　デキコ　もう、叔父さんったら。それは贅沢ですよ。Y村の方たちなんてバスす

らないんですよ、タクシーもきてくれないし。それに比べたら叔父さんの環境は恵まれてますから、いいじゃないですか（と、冗談めかして言った）。

叔父　それさ、うちの子も同じことを言うんだよね。「年寄りなんだからこれぐらいでいいでしょっ」ていう感覚が前提にあるんだと思うんだ。でもさ、年寄りだからって、「必要な買い物ができて病院に通えれば、それで幸せ」って思わなきゃいかんのかな。車が好きというのではなくて、車があったことで得られていた自由や、やりたいことができていた過去の体験があるわけよ。高齢になって運転はあやしくなったんだから、バスやタクシーをありがたがって使えばいいよね、っていう発想が、「年寄り扱い」されているなぁって思うんだよ。そのＹ村だっけ、そこの人たちも免許返納してるんでしょ。それで「バスでいいでしょ」と自由が狭められ、家から出なくなって、今度はバスもなくなって、「病院行くときは事前に予約して」ってますます自由がなくなっている。そんなところにも問題があるんじゃないかなぁ。

　叔父の話は、デキコにとって想像とまったく異なるものだった。「限界集落の交通手段」というテーマから外れていることもあるが、「高齢者の自由な移動、暮らし、楽しみ」という面から考えるべきなのか混乱してしまった。そこで職場の先輩コンサルタントに話を聞いてみることにした。

デキコ　（これまでの話を一気に説明して）というわけで、頭がこんがらがってしまって。何から考えたらいいのか、ヒントをください！

先輩　うん、すごい勢いで話してたね。それだけ考えて、でも混乱してしまったと。いい体験だったよね。

デキコ　いい体験かどうかも、わかりません。どうしたらいいでしょうか。糸口はなんですか？

先輩　まず、「テーマ設定」というか「問題定義」が狭すぎたんだろうな。「限界集落の高齢者」「限界集落の交通手段」の問題ではあるんだけれど、やっぱりそこは高齢者も人間だから、「人としてどう暮らしたいか、生きたいか」であり、「そのための交通手段」と考えるべきだったのかもしれないね。

デキコ　え？　それで何か変わりますか？

先輩　うん、大前提として「交通手段」ってＡ地点からＢ地点に移動する方法でしょ。つまり文字どおり「手段」であって目的ではないよね。買い物も、「美味し

いものが食べたい」とか「暖かい衣類が欲しい」であって、「移動したい」わけではないよね。現にいまや通販全盛期だし、デリバリー業界は花盛りだ。

デキコ　あ！　じゃあ、買い物は全部、ネット通販で済ませればいいのか！　いや待てよ、肉や魚や野菜などの生鮮品は無理か…。いや、ネットスーパーとか…。

先輩　ほらほら、すぐ手段に走らない。そもそもタクシー配車も断わられるエリアでネットスーパーは無理でしょ。

デキコ　はい、そうでした。

先輩　話を元に戻すと、考え方としては「なぜ交通手段が必要なのか」だよね。そして買い物したいのはなぜか。なぜ病院に行きたいか。そこから考えたら、限界集落であろうとなかろうと、「ものが欲しい」「病気を治したい」ということが、いわゆるニーズでしょ。自分が移動しなくても商品が届けばいいということで、通販が台頭している。通院にしても、「通う」こと、すなわち「移動」が目的ではない。昔から「往診」だってあるんだから、医者のほうからきてくれてもいいよね。一刻を争うような救急だったら、なんとか都市部の病院まで行く（運ぶ）必要はあるけれど、日々の健康維持や持病の定期診断なら、月1回でも医者がきてくれれば問題はないはず。

デキコ　なるほどー。解決すべきなのは「交通手段」ではなくて、「なぜ移動するのか」の根っこのところだということですね。

先輩　そう、そのとおり。「交通手段」というキーワードで検索するから、国土交通省のモデル事業みたいな華々しい話ばかり出てくるんじゃないかな。「移動」にこだわらず、その背景を見ることが大事だよね。そして…

デキコ　わかりましたー！　いまの話を踏まえて、考えてみます！

先輩　あ、ちょっと待って。もうちょっとよく考えてみてよ。「移動」ではなく、その「目的」が大事ではあるんだけど、それだけじゃなくて、もっと根っこのところでは、叔父さんの話も大事だと思うよ。バスやタクシーがあるんだから「恵まれている」っていう面はあるけれど、高齢者だからといってバスやタクシーがあるから「いいでしょ」とはならないという点にも耳を傾けるべきじゃないか。高齢者だからということで、我慢したり、できなくなることは生じてくるかもしれないけれど、その状態が「恵まれている」ことにはならないと思う。そこから目を背けては、ほんとうの問題解決にはならないので、「交通手段」の背景にある「目的」を

考えたらどうだろうか。そして目的はやはり人の暮らしにあって、今回は高齢者がどう生きていくのかという結構本質的な点が重要なんだと思うよ。

　「交通手段が目的ではない」という先輩の話にピンときたデキコは、「その奥にある暮らしや高齢者の生き方」といった本質的な部分の指摘についてはモヤモヤしたままだったが、ひとまずアイデア発想してみることにした。

■デキコの再考

　デキコ　なんかややこしくて深い話になった気がするな。でも確かに、「移動手段」「交通手段」に限定するのではなく、いまさらながら「移動」が焦点ではないってことから考えないといけないなぁ。ネットで見ていた事例も、「交通手段」で検索するから「ITを活用しオンデマンドでタクシー利用」といったものばかり出てきたわけだし。これはちょっと発想を変えて考えてみよう。

　発想を変えたことで、別のアイデアも出てきた。

【ニーズを満たす方法】

［買い物］

◆住民が移動して店舗に行くのではなく、定期的に「移動スーパー」がZ地区の要所を巡回する

◆店舗側は売れ残りが心配なため、生鮮品については事前注文を受け付けてリスクを減らす

◆生鮮品以外は積極的に通販サイトを利用する。利用が不慣れな方については行政がサポートする（注文代行など）

［通院］

◆急を要しない持病の経過観察や診断についてはオンライン診察を利用する

◆オンライン対応に不慣れな方については行政がサポートする

◆投薬についてもオンラインで対応する処方箋薬局を行政が紹介するか、オンライン診察の一環で選択できるようにする

　デキコ　とりあえず「ヒントになれば」という程度だし、移動手段・交通手段という発想ではなく「目的を満たせばよい」という方向で考えるならこんな感じかな。X県庁のAさんに見てもらおう。

　数日後、X県職員のAさんに再考案を提示した。

県職員　ありがとうございます。いや、ほんとうに助かります。うん、住民側が移動するんじゃなくて、目的のほうから住民のところにやってくるという発想ですね。確かにこれなら交通手段が限られていてもやっていけそうですね。行政側の負担やコストは計算してみないといけませんが、バスの本数を維持するとか、毎回毎回、タクシーの負担をするといったやり方よりもよさそうな気がします。

デキコ　そうですか！　少しはお役に立ててよかったです。ヒント程度とは言われていたので、粗い検討しかしていませんが、テーマである「交通手段」から見直し、「要するに何がしたいのか」という目的から発想してみました。まだまだ検討は必要ですが、何か参考になったのならうれしいです。

県職員　はい、もちろんです。しかし、こういうアイデアは、本来は県庁職員やY村の職員が思いついてもよかったはずだな、と反省しています。私たちが短絡的に「交通手段」って伝えてしまったので、だいぶ時間を使わせてしまったようですね。でも、ご提示いただいたアイデアで、なんとか最低限の暮らしが維持できそうです。Z地区の方々にも、ひとまず納得いただけるといいなと思います。

　Aさんとの打ち合わせはあっさり終わったが、デキコにはなんとなく引っかかっていることがあった。

デキコ　Aさんはああ言っていたけれど、なんとなく大満足っていう感じではないんだよなぁ。それにAさんは「最低限の暮らしが維持できそう」とか言っていたなぁ。でもまあ、最低限すら危うかったんだし、一生懸命考えてくれるAさんもいるし、なんとか買い物や通院もできるんだから、これでも恵まれているほうじゃないのかな。

　そう思ったところで、叔父の言葉がよみがえってきた。

デキコ　あれ、「恵まれている」って言葉は叔父さんも言っていたなぁ。高齢者だからこれぐらいでいいだろう、高齢者が自分で運転できなくなったのに店舗のほうからやってきてくれるなんて「恵まれている」って。なんか高齢者はあきらめや妥協があって当然っていう前提で考えているのかも。

　デキコは再度、先輩に相談することにした。

■発想の深まりと広がり

デキコ　最低限の買い物と通院程度の目的は満たせるようなアイデアは出せたん

ですが、自分のなかでしっくりこないんですよね。「最低限は確保できたんだから
いいでしょ」って思う一方で、最低限なんて当たり前でほんとうはもっと深く考え
るべきことがあるんじゃないか、という気もするんです。

　　先輩　なるほどね。このあいだ話したときに最後に言いかけたことだけど、デキ
コさんはあまり聞いてない感じだったからなぁ。いまなら聞く耳もってくれそうだ
ね。あのときは私も頭の整理ができていなかったんだけど、私が言いたかったこと
は「高齢者は我慢して当たり前、できないことがあって当たり前」という前提、つ
まり「車は操作ミスを起こしやすいから免許を返納する」「過疎化が進みバスの本
数が減るといったどうしようもないことは仕方がない」といった発想はいったん捨
てたほうがいいんじゃないかということなんだよ。高齢者になったとはいえ、何が
楽しいか、どんな暮らしが送りたいかは、同じだと思うんだ。それなのに行政や地
域、そして家族までもが「バスがあるんだから恵まれている」と言って「それでい
いんだ」と押しつけていないだろうか。

　　デキコ　でも実際、高齢になると視力や聴力、運動機能も落ちますし、若い頃と
同じようには行動できないですよね。

　　先輩　うん、それはそのとおり。でもだからといって楽しいことがなくなった
り、ましてや楽しいと思ってはいけないとなると、それはただ無事に生きていれば
いいっていうことになりかねない。交通手段なしで買い物ができたり、医療機関に
アクセスできるようになったとしても、何か前向きで楽しい体験がなければ老後っ
ていったいなんなんだろうね。

　　先輩との会話はそこで終わってしまい、デキコには大きな疑問が残った。

　　デキコ　先輩の言うことはわかるけど、なんだか「人生とは」みたいな壮大な話
になってきちゃったな。Ｘ県のＡさんもなんとなく気になること言ってたし…。

　　気になったデキコは休日を利用してＹ村Ｚ地区を訪れた。「昔はたくさん
あった」というナシ園がいまでも少し残っており、その一つが観光農園を営
んでいるのを見つけたからである。

　　デキコ　いやー、しかし「交通手段」の話から、まさか現地にきてみたくなると
は思わなかったな。こんにちは！　ナシ狩りの予約をしたデキコです。お世話にな
ります。

　　農家の女性　こんな遠くまできてくれてありがとうね。たくさん食べて、お土産

の分もたくさんとっていいから、ゆっくりしていってね。

　ナシ狩りを楽しんだあと、デキコは農家の高齢の女性と話をした。

　デキコ　おばあちゃん、おいくつなんですか？

　農家の女性　私ですか、今年で78ですねぇ。

　デキコ　お若いです！　やっぱり体を動かしているからですかね。あの、そういえば以前、仕事でこの村やこの地区をちょっと調べたことがあるんですが、高齢の方が多くて車の運転もできないのに、バスが何ヵ月後かには減ってしまうから大変なんだという話でした。実際どうなんですか？

　農家の女性　ええ、まあ、バスがなくなって不便は不便ですねぇ。うちはこのとおり、小さいながらも果樹園をやっているので軽トラぐらいは使ってますが、大きな道路はほとんど走らず、この近所の農道というか畑と家の間ぐらいだけなので、どこかへ行くときは不便になりました。でもね、ここいらの人はみんなあまり文句は言っていませんよ。それぞれ何かしら楽しみ見つけて元気にやっている人が多いから。元気に暮らして、長く病気を患うことなく、寿命がきたらそれまでって感じですよ、ははは。

　明るく話す女性にデキコはさらに質問してみた。

　デキコ　おばあちゃんの楽しみってなんですか？

　農家の女性　こうやって小さいながらもナシをつくって、それを買いにきてくれる人がときどきいて、きょうみたいにお話できたら最高に楽しいですよ。それに、近所の方とはちょっとしたことでもすぐ集まって昔話をしたり、ご飯をみんなで食べたり。まあ、飽きることはないですよ。

　不便なことや困っていることではなく、前向きで楽しいことばかりを話してくれた。その帰り道、デキコはあらためて今回の件を考えてみた。

　デキコ　問題解決っていう発想で困りごとに注目してきたけれど、ナシ園のおばあちゃんは楽しいことや前向きなことに目を向けていたなぁ。あのおばあちゃんは、たまたま楽しみが失われていないかもしれないけれど、なかにはそうじゃない人も多いのかもしれない。

　私は最初、バスの代わりになる「移動手段」のことばかり考えていたけど、その「目的」をクリアできるようにすることで、買い物と通院については解決のヒントが得られたわけだけど、まだ何かひっかかっていたのは「もっと違う目的」の捉え

方があるんじゃないかってことだったのかもしれないな。

　困りごとや問題が解決できればハッピーだというわけではなく、困りごとや問題はあっても楽しいことや前向きなことを原動力にするという発想はできるんだろうか。それにおばあちゃんが言っていた「元気に暮らして…寿命がきたら…」というのも気になるなぁ。「便利に暮らして」じゃなく「元気に暮らして」なんだから。もしかしたら、移動販売車が村にくることで、むしろ「歩く機会が減る」おそれがあるかもしれない。健康にはマイナスだったのかも…。移動は手段だけど、健康を考えたら「歩く」って大事かも…。

　うーん、頭のなかは整理できないままだけど、今回の件に限らず「人が暮らす」「年を取る」といった根本的なテーマに発想を広げるきっかけにはなったので、よしとしよう！

　大きなテーマを前に、デキコはひとまずアイデア発想はやめにして、今後もゆるやかに考え続けていくことにした。

解　説

　このケースでは、「限界集落の交通手段」というテーマから「人生とは何か」に近い発想まで広がりがありました。さすがに実務で頻繁に「人生とは」と考えることはないかもしれません。しかし、人の暮らしにまつわる問題解決やアイデア発想には、常にこうした広がりや深みのある思考が求められます。とはいえ、自分の人生すら理解しきれず思いどおりにならないのに、人の人生から発想するなどは、なかなかむずかしいものです。

　ただし、ある程度発想の視点をあげることはできます。論理的・体系的には捉えにくいテーマですので、切り口のリファレンス（参考視点）としてみてください。

①ほしいもの、やりたいことの背景は何か

②だれが、何を実現したいと考えているのか

③本人も気づいていないニーズは何か

④掘り下げると「何を成し遂げたいか」に行き着く

⑤ウォンツの背景にはニーズがあり、さらにその背景には「ジョブ」（解決

したい問題や実現したいこと）がある

　デキコには、最初は①②③などの視点が欠けていました。「交通手段」という設定にとらわれ、その背景にある「やりたいこと」にまで発想を広げられずにいました。

　先輩との対話で、「目的」の重要性に気づいたものの、②については、実は最後まで掘り下げが不足している面があります。今回の事例が「ヒントになれば」という程度の相談でしたから、あまり踏み込むことはなく、現地に行って当事者の方々がどう思っているのかについて、実情を把握することも、最後まで実施していません。

　ナシ狩りでおばあちゃんと会話し、さらに混乱したデキコでしたが、「高齢者」とひとまとめにして理解したつもりで、あれこれ発想してしまったことは、もっともまずいアプローチでした。「バスが減便になって現地は大変困っている」ことだけがクローズアップされ、実際にだれが何に困っているのか、またその背景にはどのようなことがあるのかを考えるまでには至りませんでした。

　そしてさらに踏み込んで、③にも迫っていかなければ、ほんとうの問題解決、目的の実現には届きません。当事者に話を聞く場合は、当人の限られた経験と情報の範囲であること、そして「自分は何をしたい」という表明もその方の表現力に影響されることに留意する必要があります。つまりそれが「本質」とは限らないのです。ナシ園のおばあちゃんについても、ナシを育てて、たまに観光客と話をすることで、いったい何が得られているのか。そこを引き出すのがマーケターの役割です。それはまさに、④であげたような、「成し遂げたいこと」に行き着くまで、「話を聞き」「観察し」「投げかけ」「一緒に過ごす」ことまでしないと見えてこないかもしれません。

　マーケティングの調査手法に「エスノグラフィ」がありますが、これはまさに「一緒に過ごして、暮らして、洞察する」という手順を踏むものです。そこまでしないと見えてこない本質があるのです。つまりウォンツやニーズの奥にある「ジョブ」を見いだすのは、それだけむずかしい面があるのです（上記⑤）。ジョブにまで至り共感し洞察につなげることで発想はますます広がり、深くなるはずです。

シャッター通り商店街の活性化

　デキコはクライアントであるＡ市の街おこしプロジェクト・キックオフ
ミーティングに参加していた。

　プロジェクトリーダー　今回はＡ市の「銀座通り商店街」の活性化プロジェクト
に参画いただきありがとうございます。まず、Ａ市の状況をお話ししますと、最近
近隣都市への人口流出が止まらず、人口の減少が続いています。人口が減っている
ので街の活気も失われて、このままではさらなる人口減少が続くと危機感を感じて
います。役所としては子育て支援などさまざまな対策は打っていますが、特に中心
街である「銀座通り商店街」の活性化が急務でして、活気を取り戻すアイデアを出し
しながら企画を進めたいと思っております。商店街の皆さんに参加いただく前に、
本日は状況と問題認識の共有をはかりたいと考えます。

　いちばん気になっているのは、シャッター通りとまでにはなっていませんが、廃
業して閉めているお店が目立ってきたという点です。隣の市に大きなショッピング
モールができてから買い物客がそちらに流れてしまい、昔からあるお店がたくさん
閉店してしまったんですよね。このアーケードが活性化すると街に活気が戻ってく
ると思うんですよ。後継ぎの問題とかもあるとは思いますが、ここをなんとかした
いです。

　デキコ　シャッター通りの問題はこの街だけの問題ではなく、日本のどこでもあ
りますよね。シャッター通りを再生した事例がいくつかあると思いますが、たとえ
ば、商店街全体を統一したコンセプトでリノベーションするとか、テナントを公募
してサポートしてあげるとか。あとは、川があるところでは、水辺活性化プロジェ
クトなんていうのもあったりしますね。ただ、いずれもその街の個性というか、資
産をうまく活かしている事例です。Ａ市で活かせる資産とか特長として何かありま
すか？

　プロジェクトマネジャー　この街には自然はあるんですが、銀座通りにはこれと

いったものがないんですよ。お城のような文化施設もないですしね。そこが悩みです。

デキコ　私も銀座通りをまだちゃんと見たことがないので、来週見に行ってみます。プロジェクトメンバーの皆さんもあらためて活性化アイデアを持ち寄って議論してみませんか。

　次の週末、デキコはプロジェクトリーダーと一緒に銀座通りを訪れた。週末の日曜日というのに人通りはまばらで、閉まっているお店も目立つ。

デキコ　この通りの先には何があるんですか？

プロジェクトリーダー　200ｍ先に市役所があって、JR線の駅と市役所をこの商店街がつないでいます。昔はかなり活気があったんですけどね。

デキコ　お店は何軒くらいありますか？

プロジェクトリーダー　そうですね、ざっと50〜60店舗くらいありますかね。そのうち半数ぐらいが廃業してしまっているんです。

デキコ　平日もこんな感じですか？

プロジェクトリーダー　この通りのちょっと脇に高校があって、そこの学生は通学で通るので通学時間はもう少し人が歩いてますよ。夕方はファストフード店には学生がたまっていますよ。

デキコ　先日うかがった、A市の夏祭りなどのイベントは、この通りも一緒に取り組んでいるんですか？

プロジェクトリーダー　はい。夏祭りにもライトアップにも商店街として協賛して連動した企画などは打ってもらっていますが、なにせ年間数日だけのことなので効果が薄いんです。

デキコ　そうなんですね。わかりました。あの、ちょっと商店街そのものに関係ないかもしれませんが、昨日宿泊したホテルの前を大きな道路が通っていて、その通りはやたらと車の数が多くて県外ナンバーも多いようでしたが、どこに向かう車なんでしょう。

プロジェクトリーダー　ああ、あそこは国道沿いでして、1時間ほどのところに小規模ですが海沿いの温泉街があり、途中で枝分かれした先には工場地帯があって出張客も多いんです。温泉街は釣り客も多く、最近ではインバウンドの観光客も増えているようです。ただ、工場地帯も宿泊施設が少ないからか、このあたりは車で

行き来するお客さんが多いようなんです。

　デキコ　そういった観光客やビジネス客を呼び寄せたいものですね。とはいっても、そういう方々は良くも悪くも「普通」の商店街には立ち寄らないですよねぇ。駐車場も完備しているお店はないですし。

　プロジェクトリーダー　ホテルを誘致するといっても簡単ではありません。ホテルを誘致しても商店街に立ち寄るわけではないですからねぇ。

　デキコ　おっしゃるとおりですね。きょうは、お忙しいところ、おつき合いいただきありがとうございました。なかなかむずかしそうですが、あらためて考えてみますね。

■考えてみましょう

　二人のやりとりを踏まえ、商店街の活性化策として、どのようなアイデアが思い浮かびますか。

■デキコの発想

　デキコはいろいろなシャッター通りの活性化事例をもとに銀座通りの活性化策を考えてみた。ポイントは以下の3つのようだ。
◆訪れる目的、訪れたくなる理由は何か
◆だれを呼び込むべきか、ターゲットはだれか
◆活動の主体はだれか、だれが取組みをリードするか

　デキコ　一つ目は「商店街を訪れる理由」か。何かしら理由がないと、商店街にはこないよね。事例を見ると観光施設を軸にしたり、特産品を活かしたりしているけど、この街にはそういうものがなさそう。軸になるものが何かないと「訪れる理由」がないものなぁ。そこにこだわってもダメなら、次のポイントを考えてみるか。

　二つ目は「だれを呼び込むか」。うーん、いま歩いているのは、通学の学生が中心。家族連れなどは少ししか歩いていない。子どもとかを見かけると活気がある感じがするけど、家族連れを呼び込むのはむずかしいかな。学生が好きそうな流行の店を呼び込んだらどうだろうか。でも学生はもう、きているといえばきているわけ

だし、通学のついでに通っているだけともいえるから、これ以上増やすのはむずかしいので活気は変わらないか。そうすると、ここの学校に通う学生以外にだれを呼び込めるかな。なんだか答えが見つからないけれど、三つ目のポイントを考えてみようか。

　三つ目は「活動の主体」か。今回の依頼は市役所の職員だから、まずは「市」そのものかな。行政として商店街をなんとかしたいと考えているわけだから、活動の主体なのは間違いないよね。とはいえ、街のプロジェクトのメンバーが軸になるにしても、店を閉めてしまった商店街の人たちは実際にはどう思ってるんだろう。なんといってもお店一つひとつ、店主の方々一人ひとりがその気になってくれないと、うまくいかないよね。

　商店街を魅力的にしないと人はこないけど、人がいないところにお店を出す人はいないよな。鶏が先か、卵が先かか。答えが見つからないなぁ。

　デキコは「お店一つひとつ」「店主一人ひとり」という点が気になったが、具体的なアイデアも出ないまま、前回ミーティングから2週間がたち、2回目のプロジェクトミーティングに参加するタイミングを迎えた。

　プロジェクトリーダー　今回はそれぞれ検討したアイデアをもとに検討したいと思います。何かアイデアが浮かんだ人はいますか？

　市の職員Bさん　最近「ウォーカブル」とか「ほこみち」って話題になっているのを皆さんは知っていますか？　街中に、歩く人を増やして、歩行者中心の街づくりをしようという取組みです。いろいろな町で実証実験が行われていて、国も補助金をつけているんです。

　プロジェクトリーダー　ちょっと聞いたことはあるけど。

　Bさん　ちょうど先週、そのフォーラムがあったので行ってみたんですが、100以上の自治体の人が参加していて、いろいろな事例も発表されていました。うちもそういう取組みをしてはどうでしょう？　たとえば、車線を1つつぶして歩道を広げて、その前の店がそこにベンチなどを置いて活用できるようにしたり、イベントスペースとして活用したりしていました。芝生のようなエリアをつくって家族連れがそこでくつろいだりしている事例もありました。実験の結果では、実際にかなり人通りが増えたという結果も紹介されていました。うちもそんなことをしてみてはどうでしょうか？　名刺交換もたくさんしてきたので話も聞きにいけますよ。

プロジェクトリーダー　今回、予算は少し取ってあるので、実験的なことはうちでもできるね。何かやらないといけないから具体的に検討してみようか？　デキコさんはどう思いますか？

デキコ　確かにウォーカブルの話は聞いたことがあります。ただ、それが銀座通りに当てはまるか。持ち帰って検討してみていいですか？

プロジェクトリーダー　ではデキコさん、検討をお願いします。検討いただいた結果をもとにまた議論しましょう。

　デキコはこの分野で経験のある先輩コンサルタントに相談してみた。

デキコ　いま、A市の街おこしプロジェクトに入っているんですが、なかなかいいアイデアが出なくて困っています。

先輩コンサルタント　A市の銀座通りだったよね。昔行ったことがあるからよく知ってるよ。何年か前だけど、そのときもシャッター通りだった記憶があるよ。あまり特長のない街だよね。

デキコ　そうなんです。軸になるものがなくて困っているんですが、メンバーがよそで聞いてきたウォーカブルの実験をしてみたらどうかという話が出ていて、それってどう思いますか？

先輩　確かにウォーカブルはいろんな自治体で実証実験が進んでいるね。でもあれがうまくいっている街って、もともと人が歩いている街だと思う。よく事例を見てみたら。銀座通りでそれやってうまくいくと思う？　自治体って予算があると何かやらないと、という方向になるけど、結構危ないよ。銀座通り商店街の人の話は聞いた？　そこの人たちがやる気になって動かないと、ほんとの活性化はできないよね。

デキコ　そうですよね。やはり商店街そのものの魅力がないところでやってもうまくいかない気がします。そこの商店街の人たちの話を聞いてみることにします。

先輩　あと、この街の範囲だけで考えているみたいだけど、外の力を取り入れることも考えたほうがいいよ。町の外の人をいかに呼び込むかとか、テナントに外の力を入れるとか。

デキコ　はい、それは一瞬考えたんです。ちょっと離れたところですが国道が通っていて、車で１時間ほど先にある温泉街や工場地帯に向かう車がかなり走っているんです。とはいえ、そういう人たちは商店街に用はないでしょうし。その温泉

街も工場地帯もホテルが少ないようなんですが、ホテルを建てたところで商店街に人がくるわけじゃないですし…。

先輩　ほう。それはそのとおりだね。でも商店街そのものに用事があるようにする、商店街そのものに、訪れる意味を持たせるというアプローチはあるかもしれないよ。確証はないし、商店街の人たちがどう考えるか次第だけど。

デキコ　え！　なんですか？　そのアイデア教えてくださいよ。

先輩　うーん、意地悪ではなく、アイデアはやっぱりデキコやプロジェクトのメンバー、そして何より商店街の人たちから出てくるようじゃないとダメだと思うんだよな。人から聞いたアイデアって、一瞬いいねって思うけれど、逆にすぐ批判もできるから。まずは、あわてずに商店街の人たちと考えてみるほうがいいぞ。

デキコ　えー、何ですか、出し惜しみみたいに聞こえますけど。でも、確かに事例を調べたときに成功のポイントの一つに「だれが取組みをリードするか」というのがありましたから、先輩の言うとおりかもしれませんね。アドバイスありがとうございます。そのへんも含めて考えてみます。

　デキコはプロジェクトリーダーに商店組合とのミーティングをセッティングしてもらい、意見をうかがった。

プロジェクトリーダー　きょうはお忙しいところお集まりいただきありがとうございます。いま、銀座通りの活性化について市役所で検討を始めようとしておりまして、商店街の皆さまにご意見をお聞きいたしたく、お集まりいただきました。

商店組合長　この商店街も昔はだいぶ賑やかだったんだけどね。いまは閉まっている店も多いからなんか寂しいよね。でもお店も古くなっているし、みんな年を取っちゃったし、活性化っていってもむずかしいよね。

デキコ　いまプロジェクトでは、歩行者中心の街づくりを進めて活性化したらどうかというアイデアが出ているんですが、（事例を紹介しながら）皆さんはどう思いますか？

60代の商店主Dさん　そんな取組みがあるんですね。おもしろそうだけど、でもそもそも人が歩いていないからねー。

70代の商店主Eさん　昔の賑わいはあったほうがいいと思うけど。そもそも年を取ってお店を閉めちゃってる店があるからなぁ。

デキコ　空いている店舗をもう一度開くという手はありますか？

Eさん　でも子どもは別の仕事をしているし、うちらも年取っているから、やる人がいないよねぇ。

　前向きな発想が出てこないなかで、時間だけが過ぎていった。そんな沈滞ムードのなかで、いままで発言していなかったFさんが手をあげた。

30代の商店主Fさん　あのー、お話を聞いていて、ちょっと思うところがあるんですが、いいですか。お話を聞いてましてね、どうも「商店街」っていう感じではなくて、自分のお店、あのお店、このお店っていう感じがしたんです。

　あの、けっして批判しているのではなくて、せっかく商店街って「街」なんですから、ひとかたまりで何かできないのかなと。閉まっているお店、食料品店、衣料品店、写真店という一つひとつで対策を考えるのではなくて、街全体で考えられないかなって。いや、具体的なアイデアはないですけど、なんだかお店ごとに考えてもそれぞれに本業があるし、それぞれのお店だけで十分に魅力があるわけではないので、なんとかしないとなぁと。

デキコ　Fさんのご意見を私自身もうまく理解できているのか自信はないんですが、こういうことでしょうか（デキコは、思考はまとまらないが言葉にしてみようと話を続けた）。

■デキコの発想

　確かにプロジェクトの目的は「商店街の活性化」なので、「商店街」として一体のものとして考えるという発想は大事である。お店一つひとつはそれぞれの専門があり、言い換えれば幅広いニーズには対応できない。しかし「街」というのは本来はお店一つひとつでは出せない魅力を持っている。まとまっているからこその価値があるはずである。しかもプロジェクトは市が主催しているものの、活性化したいのが商店街の皆さんなら、皆さんがまとまって「街」として取り組むことで、もっと違う発想が出てくるかもしれない。

Dさん　うーん、確かに昔は商店街全体のキャンペーンとか、商店街同士のつき合いも活発でしたよね。廃業するお店が出始めてから、なんだか私たちも元気がなくなっただけでなく、「一緒にやろう」という雰囲気も薄くなってしまったかもしれないねぇ。

Eさん　簡単なことじゃないとは思うけど、みんな賑わいある商店街があるから
やってこれたんだし、ほんとうにどうにもならなくなる前に、いまだからやれるこ
とはいっぱいあるだろうね。まだ私も 10 年は頑張れるし。

　デキコ　いいですね！　まだ思いつきなんですが、ちょっと離れた国道は交通量
が多いじゃないですか。あの国道を通る温泉や海釣り目当ての観光客は宿泊施設に
困っているそうですよね。ホテルをつくるのはハードルが高いですし、建てたとこ
ろで商店街にくる目的はありませんから意味がない…。

　Fさん　意味がない…。「でも」って続きますよね、デキコさん。その先はなん
でしょう。

　デキコ　「でも」って言うほど確信はないんですが、思いついたのはやっぱり
「商店」ではなく「街」なんですよ。お店一つひとつではできないけれど、「街」な
らできることってなんだろうと。しかも廃業して使っていない店舗も含めて「街」
と考えられないかなと。

　Eさん　いいアイデアかはわからんけど、うちの孫たちが年に２回ぐらい泊まり
がけで遊びにくるんだけど、お店の２階の空いた部屋に寝泊まりするのが結構楽し
い様子なんだよね。都会っ子だから、こういう商店街は珍しいみたいで、商店街の
お店をあちこち見に行ったり、ちょっと何か買って帰ってきたり。ほら、Dさんち
の唐揚げとかさ、何気ないものなんだけど、毎日買ってきては晩ご飯に足していた
り、息子夫婦のつまみにしていたり。なんか、そういう私たちにとってはなんでも
ないことも都会の家族には楽しいみたいだよ。

　Fさん　なんか、いい話ですね！　田舎とか昔ながらとか、そういうことに価値
があるっていうのが最近話題ですし、なぜか旅慣れた外国人も、しごく普通の日本
人の暮らしを体験したがりますよね。

　デキコ　なるほど、観光資源とは思っていないものに魅力があるかもしれないっ
ていうことですね。ホテルはないけれど、いわゆる民泊ならできるかもしれません
ね。出張客には響かないでしょうけれど、温泉宿にくるようなお客様やディープな
日本らしい体験に関心がある外国人のお客様には魅力かもしれませんね。

　プロジェクトリーダー　廃業したとはいっても建物自体はしっかりしたお店兼住
居のつくりなんですから、ちょっと手を入れれば民泊の要件は満たせそうですね。
そういう取組みに市としても補助金を出せるかもしれませんし…。

商店組合長　従来からのお客様、地元のお客様とも共存できそうなら、すばらしいですね。外国人のお客様なんて慣れていないからどうなのかなと思いつつ、刺激にもなり、交流という意味ではとてもおもしろいんじゃないかな。

　　　：

　プロジェクトリーダー　いろいろとご意見が出ましたが、少なくとも以下の点から考えようということで、きょうはよしとしましょう。

　デキコはきょうの議論を箇条書きにまとめてみた。

◆ 店舗単位ではなく街全体で考える

◆ ホテルはないし建てられないが、民泊ならチャンスあり

◆ 何気ない「日常」、日本「らしさ」のある商店街に魅力を感じる人をターゲットにする

◆ 従来からのお客様とも共存は必須

◆ むしろ従来のお客様と新しいお客様の交流も双方にとって価値あるものにする

　　　：

解　説

　デキコは議論の急な進展に少々驚きつつも手応えを感じているようです。まだ調べないといけないとはいえ、企画の方向が一つ見えてきました。商店街の人の意見をしっかり聞き取ったことが、いちばんの成果といえるでしょう。それまで市役所のメンバーを中心に検討してきましたが、商店街の人がやる気にならないと、何も始まりません。

　特にお店一つひとつではなく「街」としてという発想は、もともとのテーマが「商店街の活性化」なのだから十分わかっていたはずですが、具体的に考えられていませんでした。「商店街そのものに用事があるようにする、商店街そのものに、訪れる意味を持たせる」という面でも、商店同士が連携して盛り上げていくことは大事です。

　廃業したお店すら民泊に使えるかもしれないとは、プロジェクトのメンバーには思いつかなかったものです。当事者にとっては「普通」のことで

も、「外」から見たら魅力があるということにも、あらためて気づかされました。各地には困っている商店街が多くありますが、この商店街はまだまだできることがあると感じられます。

　今回出てきたアイデアは、まだ仮説にすぎません。そのアイデアを具体化したり、情報収集、試算、テストなどやるべきことはたくさんあります。しかし「チャレンジするに値するアイデア」がなければ「ただ衰退を待つのみ」なことから、発想が重要であることに変わりはありません。そこで、本項を振り返って整理してみましょう。

　ポイントの一つ目は、「だれのための」問題解決を行うかという点です。言い換えれば「取組みの主役はだれか」です。今回の事例では、デキコの直接の顧客は市役所のプロジェクトメンバーです。市役所のメンバーが実施したい、ほかの地域で成功しているテーマを実施したなら、市役所の人は満足かもしれませんが、ほんとうにそれで商店街が活性化するのでしょうか。ほんとうに問題解決してほしいのは、商店街の方々やそこの住民のはずです。その人たちが何を問題と考え、どうしたいと思っているのか？　どのような改善策なら受け入れられるのか？　これらの点がクリアにならないと商店街の活性化にはつながりません。

　二つ目のポイントは、別の意味での「だれのための」です。それは「お客様はだれか」です。デキコは初めのうちは「商店街を訪れてくれる人たち」を考えました。もちろん商店街のお客様は一般的に半径1km、広くても2〜3kmと捉えられています。しかしネット時代の今日、近隣ではなくても魅力がある場所やモノ、コトは広く知られ、人を惹きつける可能性があります。その意味で、いままで通り過ぎていた観光客もターゲットにしようとしています。

　ポイントの三つ目は、「リソース発想」における「リソースの拡張」です。一般的に新事業や新サービスを考えるときは「自社のリソース」すなわち経営資源である、ヒト、モノ、カネ、情報を念頭に発想しますが、そこでは、「機能していないもの」はとかく忘れられがちです。今回の事例でいえば「廃業した店舗」がこれにあたります。「商店」としての機能は失っていても、「用途」次第では十分に魅力的な経営資源になりうるわけです。

Ⅲ　顧客との相互理解をめざす

イベント企画とそのニーズ把握

　デキコは、会員制リゾートクラブである「Ｓリゾート」の企画担当者から相談があるということで呼ばれていた。

企画担当者　デキコさん、わざわざお越しいただいて、すみません。

デキコ　いえいえ。どういったご相談内容でしょうか？

企画担当者　デキコさんもご存じのとおり、当社は会員制のリゾートクラブですが、会員からイベントをやってほしいという声をお寄せいただくことが多く、それで今回、イベントを企画しようということになりました。

デキコ　そうなんですね。

企画担当者　はい。でも、われわれにとっては初めてのことで、経験を重ねられているデキコさんに企画をご提案いただきたいと思いまして…。

デキコ　ありがとうございます。ぜひご提案させてください。次回のお打ち合わせでは企画案をお持ちします。

企画担当者　ありがとうございます。期待していますので、よろしくお願いします。

■考えてみましょう

　Ｓリゾートの会員であるお客様に参加いただけるイベント企画として、どのようなアイデアが思い浮かびますか。

■デキコの発想

　「リゾート地だから自然を活かしたものがいいよね。ハイキングとか初心者向きの山登りとかかな。グルメも外せないよね。ゴルフをやっている人も多そうだな。会員同士のコミュニケーションの場にもなるものがいいかも」。

そんなことを考え、先輩コンサルタントにも意見を聞いてみることにした。

先輩コンサルタント なるほどねー、イベントかぁ。意外とむずかしいんだよね。

デキコ そうなんですか？

先輩 私も別のところで似たような経験があるんだけど、イベントやってくれっていう割にはあんまり参加率がよくないんだよね。

デキコ それって、興味がないイベントだからじゃないんですか？

先輩 それもあるんだろうけど、デキコが考えたようなものは一通りやってみたんだよ。でも、どのイベントも似たり寄ったりの参加率だったよ。

デキコ えーっ、なんでですかね？　でも先輩のところと違ってＳリゾートさんは今回初めてだから、参加してもらえるんじゃないでしょうかね。

先輩 そうだといいね。

「先輩の経験談には引っかかるものがあるが、Ｓリゾートでは初めてのイベントだから、いけるんじゃないかな。事前にイベント参加に対する要望をアンケートで聞いてみれば安心だよね。それとセットで提案してみよう」と次のミーティングにのぞんだ。

デキコ このたびはイベント提案の機会をいただき、ありがとうございます。今回、御社は初めてイベントを企画されるということで、いくつか案をお持ちしました。まず、リゾート環境を活かしたイベントです。シニア層の方が多いことから、あまり負荷のかからないハイキング、トレッキングのコースをいくつか考えました。次に、グルメ系です。周辺の有名店や"知る人ぞ知る"といった店、老舗などをリストアップしています。周辺環境や施設と趣味の組み合わせとして、ゴルフ大会、テニス大会、釣りも企画しています。また、室内イベントとして、ロビーコンサート、星空教室、ヨガ体験も用意しました。詳細は資料をご覧ください。

企画担当者 いろいろなご提案をありがとうございます。私たちとしてもご提案のような内容を考えていましたが、うまくいくかどうかが気になっています。そのあたりはいかがでしょうか？

デキコ はい、今回は初めてということで、あまりターゲットを絞り込みすぎない企画をご案内しました。ですので、一定数の参加者は見込めると考えています。ただ、そういったご心配もあるかと思いましたので、今回は事前のアンケート調査

もあわせてご提案したいと考えております。

　企画担当者　アンケート調査ですか？

　デキコ　会員様に簡単なアンケートを実施したいと考えています。WEB サイトで、今回の案から「参加してみたいイベント」を回答してもらいます。あわせて、今回の案以外に「希望するイベント」があれば記述してもらうアンケートです。

　企画担当者　なるほど、事前に確認しておけば安心ですし、この案以外の要望も確認できますね。では、まずはアンケートを取ってみましょう。

　Ｓリゾートではクラブ会員にイベント案を示して、どれに参加したいか、どんなイベントがあったらいいかをたずねるアンケートを実施した。

　企画担当者　アンケートの結果が出ました。どのイベントもそれなりに希望する人がいますね。

　デキコ　そうですね。皆さん初めてなので、ちょっと様子見かもしれませんが、参加してもらえそうですね。あとは、その他のイベント要望に何が書かれているかですね。

　企画担当者　はい、一通り見てみましたが、特にこれといった要望もないようです。

　デキコ　そのようですね。それでは、提案させていただきました企画のなかから、いくつか実施してみませんか。

　企画担当者　わかりました。それではいくつか決めて、実施いたします。実施後にまたご連絡しますので、振り返りをお願いします。

　企画会議からしばらくたったある日、Ｓリゾートからデキコにメールがあった。そこに書かれていたのは、「イベント参加者を募集したが参加希望者が少なく、いったん白紙に戻して再検討したい」という趣旨の内容だった。デキコはＳリゾートへ向かった。

　企画担当者　イベントを企画して募集をかけたんですが、どのイベントも申し込みが少なくて。再募集をかけて申込期間も延長したんですが、伸びませんでした。いったん延期にして再検討したいと考えています。

　デキコ　そうでしたか…。私どもの企画内容にも問題があったかと思います。ぜひ、再検討させてください。

　企画担当者　お願いします。ただ、再検討といってもどう見直せばよいかがむず

かしいと思っています。というのは、事前アンケートではそれなりの反応があったので、イベントの内容自体が悪かったわけではないとも捉えられます。

デキコ そうすると、企画の詳細か、価格、開催時期といったあたりの問題でしょうか…。

企画担当者 そのあたりかもしれないですね。いずれにしても、もう少しニーズを確認する必要があると社内では考えています。そこで、会員にヒアリングをしようということになっています。実はちょうど会員との懇親会が予定されているので、そこで少しお話をうかがってみようと考えています。ついては、第三者の御社にヒアリングをお願いしたいのですが、いかがでしょうか？

デキコ わかりました。どんなヒアリングをすればよいか、社内で検討いたします。

デキコは先日、話をした先輩コンサルタントに状況を報告し、ヒアリング内容について相談してみた。

デキコ 先輩、この前ちょっと話したＳリゾートさんのイベントなんですけど、実は暗礁に乗り上げてしまいました（と、状況を説明した）。

先輩 そういう感じかぁ。私のときも同じような感じで気になってたんだよね。事前の感触では結構反応が良かったんだけど、いざとなると申込者が少なくて。クライアントも「イベントやってほしいって言われることが多いんですけど、それほど参加したいってことでもないんじゃないでしょうか」という判断になってね。開催する程度には人数が集まったから開催してるけど、Ｓリゾートさんのほうは、何か再提案しないとだね。

デキコ そうなんですよ。それで、会員へのヒアリングがポイントかなと思ってまして、どんなことを聞けばいいか、悩んでるんです。

先輩 アンケートじゃなくてヒアリングなら深いところまで聞ける可能性があるから、イベントに対する要望という感じではなく、普段利用していて楽しかったことや物足りないこと、本音のようなものが引き出せるといいんじゃないかな。そして、そこから発想するといいと思うよ。

デキコ なんだか、要望を直接聞き取る感じじゃないですよね？　それで、企画が立てられるんですか？

先輩 よし、それでは、ヒアリングの結果が出たら一緒に企画をディスカッショ

ンするか。

　デキコ　ありがとうございます！　よろしくお願いします。

　デキコは先輩のアドバイスをもとにヒアリングを実施した。その結果、体験に関するコメントを整理すると、以下のようなポイントであった。

【ヒアリングで得られた情報】

◆ 日常のなかのちょっとした非日常を楽しみにしている

◆ とはいえ、普段できるようなことをわざわざしようとは思わない

◆ やはり、リゾート地ならではの体験をしたい

◆ ネットで検索できる程度の店や施設には行き尽くしている

◆ いろいろな施設に行こうと思っているが、ついつい同じところに繰り返し行ってしまう

◆ 趣味があって、リゾート地でもそれができている人はうらやましい

◆ ゴルフなど、すでに仲間内でやっているところには入りづらい

◆ ほかの会員とも知り合いたいが、なかなか機会がない　など

■デキコの再考

　デキコ　先輩、ヒアリングでこんなコメントが得られました。

　先輩　なるほど、いいんじゃない。こういったコメントからイベントを考えるとどんな要素を含んでいる企画だといいかな？

　デキコ　そうですね…。非日常的な感じではないけど、自分や自宅ではなかなかできないこと、あとは、やっぱりリゾート地ならではの要素は必要ですね。

　先輩　そうだね。あとは趣味につながる要素とか、いろんな施設に行くきっかけになるといい感じだね。

　デキコ　そうですね。単発のありがちなイベントやグルメは、あんまりニーズに合っていない感じがしてきました。

　デキコと先輩はディスカッションを続け、企画をとりまとめた。

　デキコ　先日のヒアリング結果も踏まえ、今回新たな企画をご提案させていただきます。

【新たなイベント企画案】

◆ 企画名：1年かけて蕎麦を食べる

◆概　要：各施設の特長を活かし、施設Aで陶芸をしてどんぶりをつくり、施設Bでトレッキングで具の山菜をとり、施設Cで昆布干しに参加し、最後に施設Dで蕎麦を打って食べる

◆ねらい：陶芸、トレッキング、蕎麦打ちなどの趣味につながる要素があり、各施設に行くきっかけにもなり、会員同士の交流もできる。蕎麦を食べることは日常的なことだが、こういった蕎麦を食べることは自分ではなかなかできず、ちょっとした非日常と考えられる

　企画担当者　デキコさん、いいと思います！　ヒアリングしていただいたことがうまく反映されていますし、単発のありがちな単なるイベントではなく、当社らしさも出ていると思います。さっそく企画を詰めて、実施してみます。

　デキコ　ありがとうございます。よろしくお願いします。

　その後、イベントには多くの方から問い合わせが寄せられ、大きな反響があるとの報告が、ホテルから届いた。

　先輩　そういえば、先日のイベントの件、その後どうなった？

　デキコ　おかげさまで提案の反応は良く、実施いただけることになりました。いま参加者を募集中ですが、反応も上々のようです。アドバイスをありがとうございました。一歩踏み込んで顧客ニーズや要望を確認すること、それも直接聞くというよりは体験や気持ちを聞いて、答え自体はこちらで考えることの重要性を実感しました。

　先輩　そうなんだよな。ニーズ調査を実施しても、そのやり方を注意しないと、調査の結果は良くても売れないことがよくあるんだよ。この調子でこれからも頑張って！

解　説

　施策立案の参考情報とするためにアンケートを実施して、期待やニーズ、要望などを把握することがしばしば行われています。しかしそのニーズに応える策が「当たらない」ことが意外と少なくありません。もちろん策の良し悪しもありますが、そもそも得られたニーズに確からしさがあったのかに問

題があるのかもしれません。

　本項のように、イベント案について参加希望を確認しても、顧客はそれほど真剣に考えずに回答している可能性があります。このようなケースでは、強い参加意向があるのかを確認すべきだったといえます。

　一般的に、顧客がその企業の製品やサービスに関して深く考え、問題意識や提案を持っているということは、あまり期待できません。ともすると、「何か答えなくてはいけないから適当に答えるか」とか、「せっかく聞いてくれてるんだから、それらしい、良い回答をしよう」といった心理が働くこともあります。こういったニーズらしきものを鵜呑みにすると、ミスリードされる可能性があるように、真のニーズを把握することは、ほんとうにむずかしいものです。

　今回の事例では、その突破口として「体験」を確認しました。楽しかった体験、いまひとつだった体験など、その体験にウソは少ないと考えられます。求めている体験＝CX（Customer eXperience）を把握し、その体験が実現できる策を企画するという考え方です。

　コモディティ化が進み、差別化がむずかしくなった状況では、よいCXを顧客とともに共創できるかが一つのポイントとなります。そういう意味でもアイデア発想としてCXを把握することが重要なのです。

地方都市の個人商店再生

　デキコは、入社以来お世話になっていた先輩のＡさんから相談を受けた。

先輩Ａ　デキコさん、マーケティングの仕事は順調？

デキコ　日々、勉強ですね。大変ですし、失敗もしますが、やりがいのある仕事だと思っています。

先輩Ａ　実は、デキコさんを見込んで相談があるんだけど。

デキコ　先輩の頼みとあれば…、私でお役に立つのであれば…。

先輩Ａ　ありがとう。実は私の実家は○○市で金物店をやっていて、父が亡くなったあとは、母が一人でお店を守っているんだけど、最近めっきりお客さんが減ってしまって困っているの。私がいた頃は、結構お客さんもたくさんきてたんだけどね。何かいい方法がないか、それともそろそろ店をやめるべきかとか、考えているのよ。ただ母は、代々続いてきた店だし、店に出ることがやりがいにもなっているみたいだし、どうにかならないかと思って…。

デキコ　お役に立てるかどうかわかりませんが、どんなお店なのか教えてもらえますか。

先輩Ａ　ありがとう、こんな感じの店なのよ。

【商店の概要】

◆ 60 年以上続く店舗

◆ 店舗名は金物店だが、取り扱っている商品は、一般的な金物店で販売しているもの（鍋、包丁、金属食器、大工道具など）以外にも、高級陶器、ペット用品などなど、数え切れないくらいの種類を置いている

◆ 父親は犬好きが高じて、ペットを飼いたいお客様に犬を紹介し、そのお客様がペットフードやペット用品を買ってくれていたが、母親はペットの紹介を引き継いでいないため、売上は減る一方である

◆ 人口減少と高齢化により、地方都市にありがちの、商店街のシャッター通

り化が進み、廃業した店も多い

◆郊外に大手スーパーやホームセンターができて、商店街の人通りはまばら
　というよりほぼない　等々

　デキコ　お客様はどんな人ですか

　先輩A　私がいた頃は、近所の人はもちろんだけど、時々、結構遠くからも買い
にきてたな。私はだれだかわからないけど、親にとってはよく知っている人が多
かったかな。

　デキコ　印象に残っていることはありますか？

　先輩A　そうだなぁ、たとえば、襖とかタンスの取っ手を買いにきた人が、「こ
こでしか売っていない」と話していたり、「ここの包丁はよく切れる」とか…。「こ
んな高級で素敵な陶器が置いてある」とも。そういえば父はペットフードについ
て、「犬の体調不良とか皮膚病は食べ物が原因のことが多いから、うちのフードは
ちょっと高いけど犬の健康のためには大事」とかも言っていたなぁ。

　デキコ　なるほど、Aさんの感想もとても参考になります。ちょっと考えてみま
す。

■考えてみましょう

　地方都市の、閉店している店舗が多い商店街にある個人商店を立て直すた
めの方法として、どのようなアイデアが思い浮かびますか。

■デキコの発想

　デキコ　人口減少・高齢化・シャッター通りはよく聞く問題だな。それに金物店
というのは、自分が住んでいる周辺でも確かに見かけないけど、やっぱり鍋釜とか
売っているイメージがある。でも、先輩の実家は、金物店とはいえ、いろんなもの
を扱っているし、特定のお客様から支持されているみたいだし、もったいないな。

　商圏を広げないとお客様は増えないから、ネット通販を始めたらいいので
はないか。特徴を活かした商品を中心に紹介すれば全国のお客様を相手にで
きると考え、先輩Aに提案してみることにした。

　デキコ　先輩、やっぱりお客様を増やさないといけないから、ネット通販を始め

てみましょう。

　先輩A　そうよね、ネット通販の話は私も何度もしているんだけど、母の拒否反応が強いのよ。父はスマホが出たばかりの頃からすぐほしがって使っていたんだけど、母はいまだにガラケーで、スマホだと孫と動画で会話できると言っても、私には無理だからと使おうとしないタイプなのよ。ネット通販以外でいい方法がないかなぁ。

　デキコ　すみません、安易に考えてしまいました。もう一度、考えさせてください。

　デキコは、同じ部署の先輩Bに相談した。

デキコの気づき

　デキコ　Bさん、ちょっと相談があるんですが…。

　先輩B　なんだい？

　デキコ　実はお世話になっているA先輩から金物店の再生のアイデアがないか相談されまして…（A先輩とのやりとりを説明）。

　先輩B　ネット通販とか安易な提案したねぇ。そもそもデキコは金物店とか見たことあるの？　それに、Aさんの実家の状態も見ないで提案とか…。まずはそこを知ることから始めたほうがいいのではないかな？　そこも見ないでアイデアを考えるなど、修行が足りないね。

　デキコ　（いつもぐさっとくるけど、的確なアドバイスと思いながら）そうですよね。まずはそこからやってみます。

　デキコはネットで検索して、金物店を数軒回ってみた。その感想や気づいたことは以下のとおりである。

【金物店についての感想】

◆ ホームセンターとは違い、どの金物店も品物がごちゃごちゃ置かれていて、迷路のよう

◆ 金物店に対する事前のイメージは鍋釜、包丁、食器だけだったが、ネジや釘、金網、鉋（かんな）、金槌、鎌、鍬（くわ）などや日用雑貨なども置いてある

◆ 在庫管理が大変そうと思いながら見ていたら、懐かしいキャラクターの弁当箱などもあり、回った3軒それぞれでつい買ってしまった

◆ 店主との短い会話から、商品知識が膨大なことが感じられた

◆ 店内外がごちゃごちゃしていて、いつのものかわからない在庫などもあり、探検気分になった

◆ 金物店は意外におもしろい場所である

◆ 探検してみると（店内を見て回ると）、自分が知らないもの、懐かしいものを見つける楽しみを広げられるのではないか

◆ 店主の豊富な商品知識を活かせる方法があるのではないか

　ただ、これはあくまで近所の金物店の話だから、A先輩の実家を見てみる必要があると考え、先輩Aに話を持ちかけた。

　デキコ　近所の金物店を回ってみましたが、意外におもしろかったです。なんかごちゃごちゃした感じがまた味になっているし。

　先輩A　そうなのよ、私から見たら無秩序に品物が置かれている感じなんだけど、母はどこに何があるのか、すぐわかるのよね。

　デキコ　そこで相談なのですが、一度、ご実家を見せていただき、お母様にもお話が聞ければと思うのですが…。

　先輩A　気軽に相談しちゃったのにごめんね。とてもありがたいわ。もし可能なら交通費出すからどこかの週末で一緒に行ってくれる？

　デキコ　ありがとうございます。ぜひお願いします。

　ある週末、デキコは先輩Aの実家を訪れた。お店を実際に観察し、またA先輩の母親からも話を聞き、以下が確認できた。

【先輩Aの実家の金物店の実情】

◆ 行ってみたら、やはりごちゃごちゃした感じ。在庫の山で、商品の仕入れ代金はすでに支払いを済ませているからもったいない

◆ お店の成り立ちは、A子の祖父が銀行をやめて、そのときの顧客情報を活かして、高額所得者向けに良い品物を仕入れて外商するところからスタートした（いまなら問題になりそう）

◆ その後も、基本は固定客中心で、口コミや紹介のお客様が多く、一見さんは少ない

◆ 新聞の折り込み広告は、長い歴史のなかでも数回のみ

◆ どこの店でも置いているというわけではないレアな品物があり、あちこち

行ってなかったものの、ここにはあったというお客様や、地元だけではなく県内外から買いに来るお客様もいる（いた）

◆「安物を置かない、良い品物だけを置く」を基本に、たとえば包丁は通常の仕入ルートではなく、福井の刃物製造所に依頼して、店舗の名前を刻んだプライベートブランドの包丁をずっと販売している

◆包丁はよく切れると評判で、グルメサイトで上位に紹介されるような、東京に店舗を構える店や地元で評判の寿司屋、ビストロなどでも愛用されている

◆大工道具、刃物、陶器、ペットフードやペット用品などでも、「良い品物」重視で一貫している

◆たとえば、刃物やドライバーなどの金属製品は、製造工程や焼き入れのやり方などで大きな差がつく。安物はすぐに切れ味が落ちたり、壊れるなどして、お客様の信用を落とすので、そうしたものは売らない

◆ペットフードは、以前のようにペットを紹介しなくなったためにペット数が減少し先細り

◆いまのお客様は高齢化していて、たまにそのお子さんも買いに来店する程度

◆お客様はただ買い物をするのではなく、店に座って一緒にお茶とお菓子を食べたりといった会話も楽しみにしている人もいる

◆母親にネット通販を聞いてみたが、やはり自分には無理との回答

■デキコの再考

デキコ　先輩、先日は交通費まで出していただいたうえに、地元グルメまでごちそうになりありがとうございました。きょうは、お母様が取り組めそうなアイデアを、できそうな順番でまとめてきました。

先輩A　何から何まで頼ってしまってごめんね。ありがとう。

デキコは、考察をもとに立てたプランを提示した。

【取り組めそうなプラン】

◆「来店して探検する」おもしろさを訴えられないか、そうすれば高齢化している固定客だけではないお客様を呼び込めるのではないか

　→お得意様にお手紙をお送りする。ご愛顧に感謝するプレゼントも準備。

手紙には、一緒にお茶を飲みながら会話したい旨も記載する。可能であれば、お子様もご一緒いただき、お子様世代は何に興味関心があるのかを聞いてみる［優先順位①］

◆固定客が高齢化しているので、その子どもの代に引き継げないか、ただし、その世代の価値観が親世代と異なるかもしれないので、その層への訴求方法を検討する必要がある

→品物の良さ、特徴を可能な限り記載したPOPをつくることで、説明しなくても良さがわかるようにする［優先順位②］

◆広告を出したことがないとのことだが、新聞の折り込みのように広範囲に案内をまくのではなく、最近、疎遠がちなお客様に手紙を出して来店を呼びかけてははどうか

→新規のお客様に探検の楽しさを味わってもらうための、何らかの広告を検討する。在庫の山もあることから、割引も記載［優先順位③］

◆良い品物の価値＝「結局は長く使える、快適になる、作業がやりやすい」などを、知る人ぞ知るではなく、多くの人に広める方法がないか

→口コミを広げるために、お得意様の飲食店から紹介してもらう方法を考える。紹介料を払うことを前提にして、たとえば、店内に金物店の包丁（必要に応じて鍋・食器なども）を使用しているという紹介文（A4判程度）を掲示してもらう、お店のHPやSNSに金物店の包丁を使っている画像を掲載してもらうなど［優先順位④］

◆ネット通販は無理とのことだが、地元の若者と連携するなど、何らかの応援を得て始めることはできないか

→ネット通販については、地元の商店街の若者や商工会などと連携して手伝ってもらう方法などを探る［優先順位⑤］

先輩A ありがとう。母は文章を書くのが好きだから①はすぐやれそうね。②〜④は母一人ではできないかもしれないから、ほかの兄弟とも相談して、手伝ってみるね。⑤はハードルが高いけど、いまのところ後継者もいないし、お店を継続させるかどうか次第だけど、信頼できる人に頼めるかどうか聞いてみます。

デキコ こちらこそ、ありがとうございました。私にとってもとっても勉強になりました。今後に活かしていきたいと思います。

デキコは、「地方都市の個人商店は同じような問題を抱えているだろうな。どんなお店でも生き残れるわけではないけど、特徴があるお店が大手スーパーやホームセンターと差別化しながら生き残る方法をもっと研究してみよう」と思いを新たにした。

解　説

　高齢の女性が切り盛りする、地元のなじみ客相手の金物店を活性化・再生するための提案です。まずは実情を把握し、そのうえで実現可能なアイデアを導き出すことが大切です。具体的には、下記を参考にして発想してみましょう。

◆個人商店がホームセンターやスーパーなどの大規模業種と同じ土俵で競争することはむずかしいため、個人商店「らしさ、ならでは」を発見することが第一歩

◆そのために、いま現在の状況を把握するだけではなく、これまで続いてきた理由について歴史や経緯まで把握する

◆こうした取組みから強み・弱みを把握するが、強み（たとえば良客の固定客中心、ほかにない良い品物）を活かすだけではなく、弱み（ごちゃごちゃした店内、価格では対抗できない、お得意様も高齢化）を強みに変える方法がないかを検討する（たとえば、ホームセンターのように整然としていないごちゃごちゃした店内は逆に探検するおもしろさがあり、お得意様のお子様たちにも訴求できないか）

◆いくら良い品物を置いていても「伝わらなければ、ないのと同じ」なので、良さを伝える方法を考える（たとえば、良さを伝えるPOP、評判の飲食店でも利用）、特に性能だけではなく実際に利活用したお客様の体験価値もあわせて案内する（たとえば飲食店で長年使って切れ味の落ちない包丁）

◆アイデアの提案は、相手の力量を見て、取り組めそうな順序で試してもらい、成功体験によって次の取組みに進みやすいようにする（たとえば、まずはお得意様に手紙を書いてみることからスタートする）

人口減少・高齢化・大手流通業の進出などで地方都市の個人商店の再生・活性化はむずかしい状況にありますが、あえてむずかしい課題を取り上げてみて、多面的な視点から発想してみましょう。

新商品開発とプロモーション

　　デキコはAホテルチェーン本部に向かっていた。Aホテルチェーンは、いわゆるラグジュアリーホテルと呼ばれるカテゴリーに分類され、結婚式場や宴会場や、いくつかのショップやレストランも併設されている。一部のホテルはプールや温泉などといった大規模施設も有している。ラグジュアリーホテルとして必要な機能は一通り揃っているといっていいだろう。

　　このカテゴリーのホテルが苦戦していることはデキコも知っていた。最近は、結婚式も"地味婚"や"ナシ婚"が多く、感染症のパンデミックの影響ははかりしれない。そんなことがあるからなのか、Aホテルチェーン本部の役員Tさんから、相談したいことがあると呼ばれたのである。

　担当役員　デキコさん、ご足労をおかけしてすみませんでした。本日は重要なご相談があり、お越し願いました。

　デキコ　はい、どのようなご用件でしょうか。

　担当役員　このたび、弊社は所有している土地・建物を外資系ファンドに売却することとなりました。今後は、ホテル運営のスペシャリストとして生き残りをかけて経営していくことになります。

　デキコ　えっ、そうなんですか。急なことで言葉が見つかりません…。インバウンド需要も回復基調だと思いますが、継続がむずかしいということでしょうか。

　担当役員　感染症のパンデミックの影響が予想以上に大きく、お恥ずかしながら持ちこたえることができませんでした。残念ですが、社員一同、心機一転やり直していきます。きょう、デキコさんにお越しいただいたのはほかでもない、今後のことをご相談させていただきたいというものです。

　デキコ　はい、微力ながらご支援させていただければと思います。

　担当役員　ありがとうございます。さっそくですが、商品企画のご提案をお願いします。お客様に「泊まりたい！」と思っていただけるような企画をぜひよろしく

お願いします。

　デキコ　わかりました。商品プランを企画し、あらためてご提案させていただきます。

■考えてみましょう

　お客様がＡホテルチェーンにぜひ泊まりたい、と思える商品プランとして、どのようなアイデアが思い浮かびますか。

■デキコの発想

　デキコ　Ａホテルチェーンが外資に売却か…厳しいな。でもＴ役員もおっしゃっていたように、運営特化企業として好スタートをきるために、いい企画を考えなきゃな。ポイントは、RevPAR をいかに上げるかだよね。

　RevPAR とは、ホテル業界の専門用語で、Revenue Per Available Room の略語である。販売用に提供している客室が、１室当たりどの程度の価格かを示す指標である。自動車メーカーなら生産台数、タクシー会社なら実車率、銀行なら総資金量、という具合に、各業界を象徴するような指標がある。ホテル業界のそれが RevPAR である。

　デキコは、ほかのホテルのプランなども参考にしながら、いくつか企画案を考え、Ａホテルチェーンに感触を確かめにいくことにした。

　デキコ　お時間をいただきありがとうございました。RevPAR の改善を主な目的としてプランを考えてみましたので、方向性などご意見をいただければと思います。

　担当役員　ご提案ありがとうございます。RevPAR の改善を主目的に企画を立案していくというお話をうかがいましたが、実は今回は RevPAR は捨てて考えたいと思っています。

　デキコは面食らった。デキコだけでなく、そこに集められたＡホテルチェーンの企画メンバーもきょとんとしていた。いったい、どういうことなのか。

　担当役員　RevPAR は皆さんにとって大切な指標です。その点は私も重々承知

124

しています。しかし、RevPARはあくまでホテル側の視点に立った指標です。い
かに高く売るか、どう稼働率を上げるか…。ホテルという装置を抱えているがゆえ
に、RevPARで管理してしまうのです。建物や設備へ投資して、保有してしまっ
たがゆえに、それらを回さなければならなくなるのです。結果的に、RevPARと
いう指標で管理せざるをえなかった、といえるでしょう。ですが、状況は変わりま
した。われわれは運営特化型のホテルとして生まれ変わらなければなりません。と
いうことは、従来とは違うものさしを持たなければならないのです。今回のプロ
ジェクトでは、ぜひ顧客軸で企画を考えてみましょう。ホテル側の視点ではなく、
顧客の視点に立って企画するのです。デキコさんにもぜひ、うちの企画メンバーと
共同して、顧客視点での企画立案をお願いします。

デキコ　わかりました。皆さんとも話し合いながら企画立案を進めてまいりま
す。

■あらためて考えてみましょう

　担当役員Tさんの意向を踏まえて新企画を提案するには、どのような事項
を確認したらいいでしょうか。そしてどのようなアイデアが提案できます
か。

■デキコの発想

　先輩コンサルタント　デキコさん、Aホテルチェーンのプレゼンどうだった？

　デキコ　それが、予想外の展開になっていて…。

　デキコは、これまでの経緯やT役員の話をした。

　先輩　なるほどね…。それってこれまでにない角度から、新たな視点による新た
な発想で新商品を企画してほしい、ってことじゃないかな。それが、顧客視点とい
うことだと思うよ。

　デキコ　うーん、まだスッキリしてないけど、もう少し考えてみます。

　デキコがAホテルチェーンに打ち合わせで訪れた折のこと、事務ルームに
いると、企画メンバーの一人がやってきた。

　企画メンバーYさん　デキコさん、お疲れ様です。お忙しいところすみません。

プロジェクトのことでちょっと相談がしたくて…。

デキコ　はい、もちろん大丈夫ですよ、どうぞどうぞ。鎌倉ホテルのＹさんですよね？

Ｙさん　はい、鎌倉のＹです。当ホテルの常連、というほどでもないのですが、気になっている顧客がいて、もしかするとヒントになるかもと思って…。

Ｙさんの話は以下のような内容だった。

◆ 毎月、だいたい月末の週末に、女性３人グループのお客様が、女性グループ向けの格安パッケージプランでセミスイートに宿泊されている

◆ しかし、毎回飲み散らかしていて、清掃担当からも何度か報告の連絡があった

◆ このお客様についての仮説として、たとえば「教師のようなものすごくストレスのかかる仕事をしているが、なかなか人目もあって飲食店等ではストレス発散ができない人たち」なのではないかと考えた

◆ ホテルというクローズな空間でストレスを発散するというニーズがあるのではないか

デキコ　とてもおもしろい仮説だと思います。アイデアのネタにしてみましょう！

Ｙさんが部屋から出て行ってしばらくすると、今度は企画メンバーのＫさんがやってきた。

企画メンバーＫさん　大宮担当のＫです。企画の件について、顧客軸ということだったので、私なりに顧客をじっくり観察してみたんです。何を求めているのか…。そこで一人、気になった男性客について相談できればと思いまして…。

デキコ　それはどんなお客様ですか？

Ｋさん　いつも、ワイシャツをクリーニングにお出しになるのですが、毎回、「また来週くるから預かってください」とお願いされるのです。

デキコ　そうなんですね。

Ｋさん　どうやら、大宮駅郊外に工場のあるメーカーにお勤めのようで、毎週のように出張でお越しになるみたいなんです。それで、着替えを持ち運ぶのが面倒なのか、ワイシャツをほぼ毎回、預かっているんです。そこで考えたのですけど、大宮ってちょっと離れると、大手の工場や物流施設も結構多くあるんです。で、役職

がある方だと、うちのようなラグジュアリーホテルでもビジネスユースで使っているようで…。平日は割とお得なプランも出してますしね。それなら、出張する方をターゲットにして、なんでも預かるような…、ワイシャツでも、スーツでも、作業着でも、荷物でも。そんなサービスを提供すれば、必ずリピートしてくれる気がして。

デキコ　いいアイデアだと思います。お客様の持ち物をお預かりしていれば必ずリピートしてもらえると、私も思います。

デキコは企画メンバーの顧客インサイトに感心していた。翌日もデキコが事務ルームにいると、企画メンバーのMさんがやってきた。

企画メンバーMさん　先日、ちょっとした出来事があったんですけど、これって新商品企画に使えないかなと思って、話をしにきました。

デキコ　ありがとうございます。どんな出来事だったんですか？

Mさん　はい、娘さんと母親のお二人で夕食をともにされていました。どうやら娘さんは少しやんちゃしていたようで、やっと就職できたから初任給で母親にごちそうする、という場面だったみたいです。食事が進んで、娘さんがこれまで言えなかった感謝の気持ちを手紙で伝えたみたいなんです。それを母親が読んだとたんに号泣してしまって…。そのあと、娘さんがおっしゃったんです。「また書くね！」って。

デキコ　いい話ですね！

Mさん　それを見ていて思ったんですけど、お客様の思いを預かる商品企画っておかしいですかね…？　たとえば、そんな思いのこもった手紙を預かるとか。思いを寄せてお互いに書いた手紙をホテルでお預かりして、1年後の記念日のディナーのときに…なんてできたら、私だったらいいかなーって思ったんですけど。

デキコ　いいですね。リピートにもつながると思います。その方向で考えてみてください。

顧客軸に切り替えるだけで、こうも意識が変わるとは…。3人との会話を通じてデキコは少し驚いていた。RevPARに追われるあまり、私たちは肝心な何かを見失っていたのかもしれない。彼らは日々、顧客を見ているからこそ、少し視点を変えるだけで、このような発想が生まれたのだ。

デキコは、企画メンバーとともに新商品を企画し、プレゼンしたところ、

T役員はじめ、参加者の反応も上々で、いける！　と確信を深めていた。

デキコの気づき

　３ヵ月後の進捗報告会のこと、売れていないのである。デキコは青ざめてしまった。成果を報告した企画者たちは、若干とはいえ成果が出ていることに喜々としていた面もあったが、プロジェクトの趣旨からすると、そんな中途半端な成果をねらっていたのではない。

　なぜ、成果が出ないのか。その原因を考えたデキコは、あまりにも基本的なミスを犯していることに気がついた。商品の企画そのものに気を遣うあまり、プロモーションがすっかり抜け落ちてしまっていたのである。どれだけ良い商品を企画しても、それが顧客に知らされなければ、まったく意味をなさない。

　デキコは事務ルームへと急ぎ、すぐに告知強化のために動いた。

解　説

　新商品の開発企画では、２つの視点が重要なポイントとしてあげられます。

　一つは顧客視点です。特に今回のケースでは、いわゆるCX（顧客体験）からの発想（顧客インサイトからの気づき）が突破口となりました。顧客の声や行動から仮説を立て、それを企画につなげました。その際、見聞きしたことを展開しようとするだけでなく、そこから推察されるPainやGain（取り除きたいものや得たいもの）を考え、発想することでさらなる広がりを得ることができます。

　業界に長くいると業界の常識にとらわれがちです。常に顧客視点を忘れないようにすることが重要です。

　もう一つは、思わぬ落とし穴の存在です。マーケティングは「掛け算」といわれます。どれだけすばらしいターゲットを見いだし、どれだけ魅力あふれる商品を企画しても、何か一つの要素が０点ならば、すべてが０点となるのです。今回のケースでは、お客様に認知されていなければ、「存在しない」

のも同然ということです。

　落とし穴としては、ほかにも、たとえば、「ターゲットに届かない販促」があります。最近の若者は新聞を読んでいないといわれるなか、若者向けの販促を新聞広告でアプローチするといったようなチグハグ感です。苦情を受け付けるコールセンターで自社に対するニーズを確認するというようなミスマッチもあります。顧客のインサイト、つまり声やニーズの確認は重要ですが、落とし穴に落ちないようにマーケターを志向する人は、肝に銘じたいものです。

ハンバーガーショップの立て直し

　日曜日、デキコは古くからの街並みも残る△△町にきていた。ハンバーガー専門店「THE MEAT」で、その経営者で店主のAさんと会うためだ。デキコとは同期入社のAさんは、サービス業をメインとしたコンサルタントだったが、「どうしても自分の店を持ちたい」という一念で、5年前に退職して、この近隣では珍しいハンバーガー専門の店を独力で立ち上げたのだ。コンサルタントとしても経験が浅く実務経験もましてや商売の経験もない彼女に、先輩コンサルタントや同僚たちは「飲食店なんて水商売だよ！」「大企業のコンサルティングと自営業の経営はノウハウが違うからむずかしいぞ」と言って反対をしたのだが、彼女の意思は固かった。

　デキコがTHE MEATを訪れたのは開店当初以来、3年ぶりくらいになるだろうか。歴史はあるが新しいものも取り入れる街に似つかわしく、真っ赤な壁面に真っ白い文字で書かれた「THE MEAT」というサインはなかなか洒落ていて遠くからでもよく目立つ。直球すぎる店名だがなにしろハンバーガー専門店なので明快な主張が伝わってくる。

　デキコ　Aさん！　変わってないね！　ほんと久しぶりだね。すいぶんご無沙汰してしまってごめんねー。

　店主　いえいえ、こちらのほうこそ。ここしばらくは、いろいろとバタバタしていたから…。きょうは、きてくれてほんとうにありがとう。

　デキコ　で、どうしたのよ、急に。

　店主　実はね、新メニューを開発したから試食してほしいんだけど、いま、ちょっとお客様が途切れないから、食べながら待っていてくれる。呼び出しといてごめんね。（しばらくして）ごめんごめん、お待たせ。どうだった？

　デキコ　うん、美味しかったよ。でも開店当時のまさに「THE MEAT」っていう感じのハンバーガーと比べるとだいぶ洗練というか、おしゃれというか、改良さ

れている感じね。アボカドにガーリックチップ、トマトはあえて輪切りじゃなくてソースにしたのね。そこにちょっとレモンフレーバー。なかなか複雑でじっくり味わえる感じだったよ。Ａさんがあれだけこだわってたパテは、やっぱり肉！ って感じで、店名にもピッタリだし。

店主 そう！ わかってくれてうれしいなぁ。でもね…（と、現在の状況を説明した）。

【THE MEAT の現状】

◆開店当初は時間をかけて開発したこだわりのパテが好評で毎日行列ができるぐらいだった

◆開店当初は自慢のパテを軸に、シンプルなチーズバーガー、ダブルチーズバーガー、ベーコンレタスバーガーの３種類とフレンチフライだけで勝負していた

◆立地柄、少々価格が高くても「本格的なハンバーガー」を食べたいお客様は多く、リピートも多かった

◆売上・利益ともに好調で、店内のオペレーションも安定してきたこと、またリピート客が多いこと、オフィスワーカーのランチ需要も多いことから、開店２年目に入ったことを契機にさらに売上を伸ばすべくメニューを徐々に増やしていった

◆ハンバーガーの種類を増やしたり、ソースを変えたり、バンズを変えるなど工夫した。季節に合った具材を加えたり、他店では定番のアレンジも取り入れてみた（デキコに試してもらったアボカドを使ったバーガーもその一環）

◆新メニューは出せば最初はそこそこ売れるし、いままでの客層とは異なる女性客も来店してくれるようになった

◆しかし開店から３年、４年とたつうちに売上は増えるどころか、このまま低下が続けばそのうち赤字に転落しそうな懸念がある状態になってしまった

◆開店からのリピーターもいるにはいるが、その数は減っており、その減少を補うほどの新規のお客様が増えていないのが現状

店主 どう思う？ 何かいいアイデアはないかなぁ。私とアルバイトだけでやっ

ているお店だから、来店客のデータとか分析もできてないし、コンサルタント時代にクライアントに提案していたようなマーケティングなんか個人店では無理なのよ。

デキコ　うーん、さっき食べたバーガーだって、すごく美味しいんだけど、なんでなのかしらね。ちょっと考えてみるから１週間、時間をちょうだい。

■考えてみましょう

ハンバーガー専門店「THE MEAT」は、味は良いようですし、立地も良さそうですが、売上が低迷しています。この状況から脱却する方策として、どのようなアイデアが思い浮かびますか。

■デキコの発想

THE MEAT からの帰り道、少し時間があったデキコはお店の周辺や人の流れを観察しながら考えていた。

デキコ　味はいいのよね、味は。彼女が自信を持っているあのパテは間違いない。焼き方も研究しただけのことはあって本格的。きょうの新しいメニューだって新しさだけでなくしっかり基本ができている感じはするし。とはいえ、いくら本格的だからといっても飽きられたら終わりなんだろうな。ハンバーガー専門店っていっても客層に合っていなければ長続きしないということなのかなぁ。

近隣のお店は、和食で雰囲気がいいお店が多いんだよね。でも若いオフィスワーカーが多いから、もっとお店の種類にバラエティがほしいはず。その意味では、ハンバーガーだけじゃなく、ランチの幅を広げられるようなメニューを打ち出していけば固定客も増えるんじゃないかな。ハンバーガーの新製品だけじゃなく、もっと挑戦的に新メニュー開発すべきじゃないかしら。

コンサルタントをやめて未経験の商売の道に入っていったＡさんなら、意欲的に挑戦できるんじゃないかな。

デキコは、あらためてＡさんと意見交換の場を持つことにし、自分が考えた「多様化」のアイデアをぶつけてみた。Ａさんは、こちらが投げたボールを的確に、さらに鋭く返してくる。思わず、一緒に働いていた頃を思い出

し、やはりＡさんは優秀だと再確認した。

店主　やはり、ハンバーガー専門からの脱却よね。単一商品ではどうしても飽きてしまう。メニューのラインナップを増やせば、それだけお客様の飽きにも応えられる。網は広く張っておくほうがいいのよ。

デキコ　ハンバーガーと親和性のあるメニューもたくさんある。サンドイッチ、ホットドッグ、パニーニなどのホットサンド、フレンチフライも切り方で味も見た目も変わるし…。店のコンセプトを損ねずに展開できると思うの。

店主　やっと決心がついたわ。一人で考えても、どうしてもモヤモヤするだけで踏み出せないの。ほんとうにありがとう、感謝するわ。

　気がつくと、11時になろうとしている。深夜になってしまったが、知的なやりとりというものは楽しい。「少しは役に立てたかな」と一人悦に入りながら、デキコは最寄り駅へと向かった。

　それから3ヵ月もたとうとした頃、デキコのメールが通知を知らせた。

　『ごめんなさい、またお店にきてもらえないかな。できるだけ早く、お願いね』

　切羽詰まっていることが伝わってくる文章。良いニュースではないようだ。デキコは、アドバイスをした経緯もあり、その結果が気になっていた。すぐに返信し、きょうの夜、仕事が終わり次第駆けつけると伝える。

店主　急にごめんなさい。もう一人では抱え切れなくなってしまって…。

デキコ　どうしたの？　あんまり顔色も良くないわよ。

店主　あのあと、ハンバーガー専門から抜け出そうと、1ヵ月の間はメニューの開発とプロモーションに全力を尽くしたの。ほんとうに全力よ。われながら、脱専門は悪くないと思ったの。2ヵ月前からメニューも一新して、SNSで何度も告知して…。ほんのしばらくは、お客様は戻ってきたけど、いまはこのありさま…。まだ8時前だというのに、店内に客は一人もいない。もの珍しさもあって、最初はよかったの。でも、いまは閑散とした状況が続いている。以前はリピートしてくれるお客様を感じることができたけど、いまは一見客ばかりよ。

デキコ　そんなに…。

店主　メニューを一気に増加させたことで、まずお店のオペレーションが破綻したの。もともとが専門店だったから、幅広くて複雑なメニューのオペレーションに

慣れていないのよ。オーダーミスは頻発、調理時間も長くなって、できたてを提供できない。おまけに、メニューを増やしたことで食材の調達も複雑になったことからロスと欠品が常態化して。チャンスを逃すばかりでなく、廃棄ロスもばかにならないの。

デキコ　メニューを増やすことの負の側面が、もろに出てしまったのね。

店主　それだけじゃないのよ。厨房は常に大混乱、新メニューのつくり方を覚えるだけでも大変なのに、オーダーミスへの対応で、文字どおりグチャグチャ。以前はチームワークがほんとうによかったのに、雰囲気が殺伐としてしまった…。

デキコ　…。

店主　楽しくて始めた商売なのにね、いまはもう苦しくて…。売上は大幅ダウンする一方で、食材ロスがあまりに多すぎて、資金繰りにまで影響が出始めたの。多少の貯えはあるけど、このままだと半年かな…。

　たまっていたものが一気に噴き出してきたのか、Aさんの話はなかなか止まらなかった。目にはうっすら涙もためている。一緒にアイデアを考えたデキコは、強い責任を感じながらも、Aさんの話を聞くしか術がなった。

　ひと通り話し終えて、少しは胸のつかえがとれたのか、Aさんが無理につくった笑顔をあとに、デキコは THE MEAT の扉を閉めた。

　「重い…」。これまでにない窮地をデキコは感じた。アドバイスしたのに、その真反対の結果となってしまったのだ。おまけに、資金繰りまで厳しいと訴えている。このままでは、Aさんの私生活そのものまで破綻させてしまいそうである。

　翌朝、寝たのか寝なかったのか、意識朦朧のままにデキコは目を覚ました。昨日のAさんの言葉が頭から離れない。自分の責任も感じている。アドバイスするということは、そのアドバイスに責任を持たなければならない。

　すっきりしない頭だったが、思い浮かんだのはやはり先輩コンサルタント。やや長文となったが、メールで状況を伝え、相談させてほしいと伝えた。

　すると、5分もしないで返信があった。しかし、一行だけ。

　『やることが逆だよ、逆』

　「逆？」思わず声が漏れてしまった。逆とはどういうことだろう。ほどなく、先輩コンサルタントからメールが入ってきた。

『専門店が手を広げてどうする？　わざわざ弱みで戦おうというのか？原点回帰だよ、集中しろ！　２ヵ月なら、まだ顧客の信用も取り返せるかもしれない』

■デキコの再考

　デキコは、すぐＡさんに連絡を取った。確かにそのとおりだ。最大の強みはＡさんが丹精込めて開発したパテのはず。その強みを活かすどころか、むしろ捨ててしまったようなものだ。

　Ａさんから、すぐにメールが返ってきた。

　『そのとおりよ、私は何をやっていたんだろう。／あのパテが私にとっての強力な武器であり味方だったのにね。／手を広げたことで、仕事を楽しめない自分になっていた気がする。／アドバイスありがとう。』

　その後、Ａさんは徹底してメニューを絞り込んだ。強みのパテを活かしたシンプルなハンバーガーだけとして、チーズのトッピングがあり／なしの２種類の提供に絞った。しかも、「150 食あれば店舗は維持できる」として、１日 150 食の限定とした。

　こんな大胆な発想に至ったのは「追い詰められた」こともあるが、あらためて開店当初からのリピーターと会話してみたことも大きく作用している。去ってしまったお客様もいるが、それでも来店し続けてくれているお客様は、「ここのパテ」「直球勝負のハンバーガー」を愛してくれていたのである。

　「洒落たものが食べたければ、このあたりにはいろいろある。でも本格的なハンバーガーはこのエリアには一つもない」「新しいバーガーもいいけど結局、肉の味が弱まるんだよね」といった声。

　料理人としては素人のＡさんが唯一完成させ勝負できたのが「パテ」だったのだ。にもかかわらず唯一の武器であるパテ以外に手を広げ失敗してしまっていたことをＡさんは深く反省した。

　そして、大胆にメニューの絞り込みを行った結果は驚くべきものだった。まず、昔からのリピーターが戻ってきた。「これだよ、これ」とハンバーガーをほおばるお客様を見ると、Ａさんは思わずほころんでしまう。さら

に、150食限定をうたったことで、"限定"が評判となって新規のお客様も増えたのである。

一方、店舗経営に視点を移すと、まずオペレーションが楽になった。チーズのトッピングのあり／なしだけなので実質、単品商売だ。厨房の生産性はきわめて高くなった。また、150食限定としたことで、食材の調達も計画的になり、廃棄ロスは大幅に削減できた。

何よりも大きな副産物は、働く従業員のモチベーションだろう。150食を売れば終わり、というシンプルな目標だから、逆にわかりやすくてやる気が出る。目標もシンプル、オペレーションもシンプルだから、店の雰囲気が格段に良くなった。

デキコはもちろん、新生「THE MEAT」に通っている。役に立てなかった自省の念を込めて。ここにくれば、まだまだ至らない自分の能力を再認識させられ、謙虚になれるのである。

解　説

この話は、ステーキ丼専門店をモチーフにしています。1日100食限定、メニューは3つのみという極限まで絞り込んだユニークな展開をしており、その絞り込みゆえに、非常に効率的なオペレーションを実現していると考えられます。

多くの会社で、「あれも、これも、それも」と手を広げすぎて、結果的に非効率になったり、無駄を生んだりして、自ら競争力を下げていることが往々にしてあるようです。

Aさんは、デキコのアドバイスもあって、ハンバーガー専門店からの脱却に踏み切りましたが、それ以外のアイデアはなかったのでしょうか。

皆さんは、ここで、「顧客視点はどうなった？」という思いが浮かんでくるのではないでしょうか。先輩コンサルタントからのアドバイスでAさんは、「あのパテが私にとっての強力な武器であり味方」と再認識し、自分たちの強みに集中してメニューを絞り、経営を立て直していきました。これは「お客様視点」なのでしょうか。自分たちの強みを押しつけているだけとい

う見方もできます。

　デキコおよびAさんが考えるべきは「お客様は何を求めて来店しているのか」でした。確かに少ないメニューでは飽きる人は飽きるでしょう。しかし開店当初から1年間、リピートし続けて経営を支えてくれたお客様は何を求めていたのでしょう。

　この点を無視して、すなわち「顧客視点」を抜きにして、Aさんは「2年目をめざすにあたって売上の安定化」をねらってしまいます。動機自体は良いのですが、「お客様はなぜ来店してくれているのか」を見極めないまま安易に新メニューに頼ったこと、メニューを増やしたことが、失敗の始まりでした。

　Aさんは「来店客のデータとか分析もできていないし、コンサルタント時代にクライアントに提案していたようなマーケティングなんか個人店では無理」と嘆いています。もちろん大企業のように組織立ったマーケティングを機能させるのは個人店では無理でしょう。しかし個人店には大企業にはない「お客様との距離の近さ」があります。これは大企業も求めてやまない価値です。Aさんは日々来店されるお客様を観察し、もっとコミュニケーションをはかるべきでした。新メニューを出したときも、売上ではなくお客様を見て、その声をじかに聞くことができたはずです。

　デキコも、店舗近隣の観察はしていますが、肝心の来店客の声は聞いていません。失敗の原因が「お店側の勝手な思い込み」と、「お客様を表面的に捉えたこと」だったという点は、少なくともいえるでしょう。

　Aさんは、追い込まれてからの、最後のメニュー絞り込みにあたって、開店当時からのリピーターの声を初めて聞くことになりましたが、お客様との圧倒的な距離の近さが強みの個人店としては、本来はリピーターの声は最初から活かすべきでした。「Aさんのパテ」は、唯一の武器であるとともに、お客様が認めてくれる「共通の価値」だったのです。もしお客様が認めてくれなければAさんがどれだけ苦労していようがそのパテに価値はありません。その点を開店当初からもっと理解し、お客様とコミュニケーションを取り、THE MEAT の方向づけをしていれば、そもそも大きな売上の落ち込みもなかったことでしょう。

ある種プロダクトアウトとも思える事例にも必ず「お客様の共感」や「お客様と企業の共通の価値」が潜んでいます。どんな規模の企業でも「あれも、これも」はさまざまなリスクをともないます。「共通の価値」に集中していくことの大切さを今回の事例から感じ取ることができます。

Ⅳ　価値の軸を変える

食品スーパー鮮魚売場の販促企画

　　デキコは食品スーパーTに夏休みイベントの打ち合わせで訪問した折、帰りがけに鮮魚売場のチーフとすれ違い、立ち話となった。

　鮮魚売場チーフ　あっ、デキコさん、こんにちは。ちょうどよかった。ちょっと相談があるんですが、いま、いいですか？

　デキコ　はい、大丈夫です。どんなことでしょうか？

　鮮魚売場チーフ　実は、丸物の売上が伸び悩んでいます。何かいいアイデアはないでしょうか？

　デキコ　丸物って魚を一匹丸ごとってことですよね？　芳しくないのですか？

　鮮魚売場チーフ　そうなんですよ。最近、近所に新しいマンションが増えてきたじゃないですか。それで若いファミリー層のお客様とかは増えているんですが、丸物の売上がなかなか伸びなくて…。売場全体の売上を伸ばしていくうえで、丸物は重要なんでなんとかしたいと思っているんですが、いいアイデアが浮かばないんですよね。

　デキコ　わかりました。アイデアを考えてみます。

　鮮魚売場チーフ　ありがとうございます。本部のほうには相談したことは伝えておきますので、よろしくお願いします。

■考えてみましょう

　食品スーパーの鮮魚売場で、丸物（切り身ではなく、一匹丸ごと）の販売を伸ばすための方法として、どのようなアイデアが思い浮かびますか。

■デキコの発想

「やっぱり魚を捌くのが面倒なんじゃないかな。でも三枚おろしのサービ

スとかやってるよね？　といっても、捌いてくれるのは夕方までだから仕事帰りの人は利用できないか。加工サービスの時間帯を延長するっていう手はあるよね。自分で捌いてみたいけど、どうすればいいかわからないって人もいるよね。私だってやったことないもんな…」。そんなことを考えながら、デキコは提案内容をまとめ、食品スーパーTに提案した。

デキコ　先日ご相談を受けた丸物の販促策について、案をお持ちしました。まず前提として、いまの若い人は魚を捌くという経験はあまりないと思います。したがって、面倒くさいと感じている人や捌き方がわからないという人が多いと考えます。そこで2つご提案です。

【丸物を売るたの提案概要】

◆加工サービスの時間延長…加工サービスは現在も提供されているものの、夕方16時までとなっていて、仕事帰りの人など夕方以降に来店される方は頼むことができないことから、19時頃までサービス提供時間を延長する

◆捌き方の説明資料配布…紙資料で配布するとともにQRコードから動画を見てもらう

鮮魚売場チーフ　うーん、率直な感想としては、ちょっとありきたりかな、という印象です。まず、加工サービスの時間延長ですが、確かにもう少し時間延長するという手はありだと思います。でも丸物を積極的に売りたい理由の一つに、手間、つまり作業工数がかからないということがあります。いまや人手不足ですからね。やれなくはないですが、見合った売上がとれるのかがちょっとどうかな…というところです。魚の捌き方は、いまどきは動画サイトなどにたくさんアップされていますよね。わざわざ当社が配信するまでもなさそうな気がしますし、捌く気がある人はもうやっているように思います。

デキコ　はい、おっしゃるとおりだと思います…。すみませんが、もう一度考えてみますので、再提案の機会をいただけますでしょうか。

鮮魚売場チーフ　厳しいこと言っちゃってすみませんでした。われわれも何とかしたいと思っているので、ぜひよろしくお願いします。

　ミーティングからの帰り道に、デキコはきょうの提案を振り返り、「ちょっとイマイチだったな…、提案内容は一般的だったし、作業工数のことまでは考えてなかった」と反省した。ちょうどその日は友人たちと夕食の予定が

あったので、待ち合わせの店に向かった。

友人たち　デキコ、久しぶり。元気だった?

デキコ　うん、変わりないよ。きょうはちょっと落ち込んでるけど。

友人A　どうしたの?　なんかあった?

デキコ　仕事でちょっとね…。そういえば、Aさんちは、お子さんいくつになったっけ?

友人A　4歳、あっという間だね。でも最近、好き嫌い多くて困ってるんだ。特に魚をあんまり食べたがらないんだよね。

友人B　私の友だちのお子さんも野菜嫌いだったけど、子どもと一緒に家庭菜園をやるようになったら、「自分で育てた野菜」っていう感じで食べるようになったらしいよ。Aさんも子どもと一緒に魚料理とかやってみたら食べてくれるかもよ。

デキコ　魚かぁ。そういえばBさんは最近マンション買ったんだっけ?

友人B　うん、大した間取りじゃないけどね。いまは二人だし、子どもは一人くらいならいけるかなって。

デキコ　いいなー。最近のマンションは機能も充実してるんでしょ?

友人B　そうだね。まあ、それなりに。でもディスポーザーがついてないんだ。

デキコ　ディスポーザー?

友人B　キッチンシンクの排水溝から生ごみが捨てられるシュレッダーみたいなもの。それがないから、生ごみが臭ったりするんだ。魚のアラとか生臭いじゃん。

デキコ　そっか。ちなみにBさんは魚を一匹丸ごと買って料理することはある?

友人B　うーん、ないかな。捌けないわけじゃないけど、さっきの生ごみの臭いが嫌なの。あと小さい魚ならいいけど、ちょっと大きめのものは食べきれないかもって思うし。

デキコ　そうなんだ。ありがとう!　仕事でちょっと行き詰まってたけど、いいヒントもらったかも。

デキコは、食品スーパーTへの先日の提案内容と反応がいまひとつだったこと、再提案することを先輩に話した。そして友だちと食事をしたときの話もした。

デキコ　私、「捌くのが面倒」「捌き方がわからない」っていう先入観で、そこだけに注目してアイデア発想しちゃってたなと思ったんです。でも、臭いという問題

もあるし、食事ということまで広げると、いろいろな問題を抱えているんだなとあらためて気づきました。

先輩　そうだよね。よく言われるように「モノ売り」になっちゃいけないよね。お客様は魚を買うことが目的じゃなくて、何か実現したいことがあるはずだよね。お子さんの健康とか、家族の団欒(だんらん)の時間の演出とか。そして問題も抱えているよね。捌くのが面倒なことや捌き方がわからないっていうのも問題だけど、もう一歩踏み込むと、臭いの問題や、お子さんの魚嫌いといった問題にも気づけるんだよね。あとは利用行動の視点も欠かせない。スーパーとしての接点である購入場面だけ考えるのでは不十分だよね。買い物前や買い物後も考えると、もっといいアイデアが出てくるんじゃないかな。

デキコ　そうですね。ありがとうございます。再考して提案してみます。

■デキコの再考

デキコは、顧客の一連の行動を洗い出した。

「メニュー案作成→店選び→店移動→買い物→自宅移動→調理→食事→後片付け→ゴミ出し」と書き出し、次にそれぞれの行動場面ごとに心理やニーズ、抱えている問題などを整理してみた。また、顧客タイプによってニーズや問題が違うと思い、主な顧客タイプ別に発想した。特に鮮魚売場のチーフが最初に話していた「小さいお子さんがいる若いファミリー層」を重点的に考え、さらに、この顧客行動に対応するお店のスタッフの業務を整理していき、作業負荷の面なども考慮した。

デキコはこの分析結果をもとに、仮説を立てて、食品スーパーTへの再提案内容を詰めていった。

【丸物販売拡大の提案概要】

◆捌くのが面倒、捌き方がわからないという人は一定数いるが、加工サービス時間の延長など、いま以上に作業工数をかけて取り込むかは検討が必要。それであればパートさんがいる時間内に加工して商品化することでよいとも考えられる

◆丸物が避けられる理由の一つとして、あとに残るアラの臭いが考えられる

◆世帯当たり人数が減少し、丸物は食べきれないかもしれないという心配も

あるだろう

◆ 魚を捌くことを、面倒とは捉えずに「楽しむ工程」として提案できる余地があるのではないか

◆ 生ごみ回収の前日に「翌日すぐに捨てられる」ことをアピールしながら販促を強化する（まずはトライアル！）

◆ 単なる魚レシピではなく、「丸ごと一匹食べ切りレシピ」「丸ごとならではの盛付け」のような情報を提供する（SNS発信も期待したい！）

◆ 人気インフルエンサーなどとコラボし、親子で楽しむ丸ごと魚料理など、積極的に捌く楽しさを体験してもらったり、発信したりする（子どもには魚嫌いも直してほしい！）

デキコ 提案は以上のような内容です。正直、飛躍的に伸びるかと言われると、むずかしいかもしれません。また、仮説の当たり外れもあると考えます。今回はチーフがおっしゃっていた、若いファミリー層をターゲットとして企画してみましたが、顧客タイプが異なれば仮説も違ってくると考えます。なかなかお客様のニーズや抱えている問題をつかみにくいこともあるので、少しトライアンドエラーをさせていただけるとありがたいと考えております。いかがでしょうか？

鮮魚売場チーフ ありがとうございます。一歩踏み込んでいて、いいと思いました。確かにうまくいくかは、だれにもわからない部分もありますから。ホームラン施策を期待したいですけど、ヒットを続けていくことも重要だと思います。いくつか試してみたいと思います。

デキコ ありがとうございます。また状況を教えてください！

デキコは、「今回はいろいろと勉強になったな。働いている人たちの作業工数も視点の一つだし、モノ売りにならないこと、スーパーとしての接点だけでなく、お客様の行動全体を把握すること、顧客のタイプ別に考えることなど、今後の仕事に活かせる視点がたくさんある」と振り返った。

解　説

今回の事例での発想のポイントは、大きく2つあります。

一つが、顧客の利用行動から発想する「カスタマージャーニーマップ」の

視点です。

　顧客の利用行動を整理し、それを起点に発想する「顧客視点」の考え方があります。これは、「カスタマージャーニーマップ」と呼ばれる手法です。以下のようなことを考慮して考えてみてください。

◆直接接点がある以外の部分も顧客視点で行動を整理する

◆行動場面ごとにニーズや抱えている問題を洗い出す

◆対応する自分たちの部門や業務を洗い出す

　もう一つが、典型的な具体的顧客像を描いて発想する「ペルソナ」の視点です。

　デキコはカスタマージャーニーを描いているなかで、顧客タイプによってニーズや抱えている問題が違うのではないか、ということに気づきました。

　典型的な具体的顧客像をペルソナといいます。年齢・性別・家族構成・職業・年収・ライフスタイル・価値観といったペルソナを具体的に設定することで、発想の幅がより広がります。顧客像を具体的に絞りすぎるとマーケットボリュームが小さくなるのではないかという心配もありますが、逆にストライクゾーンを広げすぎて、だれにとってもそこそこ良い企画ではあるものの、「あたりにくい」ものとなる可能性もあります。ペルソナ視点で具体的に考えることで、実際にはその周辺顧客も取り込めると考えられます。

　そのほかにも、「モノ売りにならない」という気づきもありました。顧客はモノを購入することが目的ではなく、それによって実現したいことや解決したいことがあるはずです。ここまでインサイト（消費者の隠れた心理）を深めるとアイデア発想の幅と深みが増してきます。

観光ホテルのサービス改善に「お客様の声」を反映

　デキコはクライアントの観光ホテルのサービス改善検討会議に参加していた。

　ホテル担当者　先日、WEB サイトに「大サイズの浴衣しかなかった」と書き込みがありました。

　デキコ　皆さんのホテルは中サイズや小サイズの浴衣もありますよね。

　ホテル担当者　もちろん、用意しております。予約情報を見落としたか、備品のセッティングミスか…。ルームチェックが見落とした可能性もありますよね。

　デキコ　そのあたりの作業ルールは決まっていないのですか？

　ホテル担当者　はっきりとした規定はないんです。OJT といえば聞こえはいいのですが、現場任せになっている状況です。よいきっかけなので、これを機に改善したいと思います。デキコさん、次のミーティングまでに改善案の提示をお願いできますか？

　デキコ　わかりました。案をつくってお持ちします。

■考えてみましょう

　顧客の要望に沿ったサービスを提供するための作業ルール見直しにあたり、どのような改善アイデアが思い浮かびますか。

■デキコの発想

　デキコは会社に戻り、改善策として作業マニュアル案を作成しながら考えていた。

　デキコ　中小サイズの浴衣はあるんだから、作業方法とチェック方法の確立をする必要があるよね。うん、作業マニュアルをつくろう。OJT をするにしてもマニュ

アルがあったほうがいいし。まずは予約時の確認だな。特に中小サイズが必要な可能性があるお客様の場合は、チェックできるようにしよう。女性とお子さんがいる場合は確認が必要だよね。オンラインでも電話でも予約のときに確認できるようにしなくちゃ。あとは、清掃担当者への連絡漏れをなくす方法かな。これは、現在どんなやり方をしているかを確認してみよう。ルームチェックの方法も再考が必要かな。これも現状確認してみよう。

　さっそく、デキコはホテルの担当者に電話で確認した。

　デキコ　現状、電話での予約で確認していること、清掃担当者への連絡方法、ルームチェックの方法について教えていただけますでしょうか?

　ホテル担当者　わかりました。まず電話予約での確認内容ですが、お名前・ご住所・連絡先・大人と子どもの人数や性別といったことは、おうかがいしていますが、浴衣のサイズははっきり確認していないようです。清掃担当者へは口頭での連絡と指示ノートに内容を記載しています。ルームチェックは…正直なところ、人手不足で、できるだけ実施しているという状況です。お恥ずかしながら、実際にはあまりチェックできておりません。

　デキコ　そうなんですね。わかりました。今度のミーティングにはマニュアルのたたき台を持って行きますので、よろしくお願いします。

　ホテル担当者　ありがとうございます。そういえば、今回の、この声を書き込んだのは小さいお子さん連れのファミリーだったみたいです。あっ、だからどうということではないです。マニュアル、よろしくお願いします。

デキコの気づき

　デキコはホテルでのミーティングでマニュアルなどを提示した。

　デキコ　先日の浴衣のサイズが準備できていなかった件の改善案をお持ちしました。まず、業務を標準化して、それをマニュアル化し、関係者で共有してミスをなくすことを考えました。これがマニュアル案です。ご覧ください。

　ホテル担当者　ありがとうございます。なるほど、現状のやり方の問題が整理され、うまく対策が考えられた作業方法になってますね。マニュアルとしての表現もわかりやすいです。これならスタッフで共有しやすく、ミスがなくなりそうです。のちほど、関係者で検討させていただきます。ありがとうございます。

デキコ　あとは、チェックインのときにお客様の身長を目視で確認できるので、そのときにお声がけしてお渡しするという方法も考えられます。

　ホテル担当者　そうですね。それができれば予約時の確認は不要ですね。フロントの作業量とお客様に部屋までお持ちいただくことをどう考えるか、という点はありますが、選択肢としてはありますよね。そもそも各部屋に各サイズを用意しておけばいいのですが、予算上それもむずかしいので、ご提案いただいた内容を中心に考えてみたいと思います。

　ホテルスタッフBさん　あのー、ちょっといいですか？　これって小さなお子様連れのファミリーのお客様からの声だったんですよね？　普段、お客様を見ていて思うんですが、小さいお子さんって、あまり浴衣を着てなくないですか？　だからお子様用の浴衣を用意しなくていいというわけではないのですが、用意しても着てもらえないのももったいないな、と思って。

　デキコ　お子さんは、浴衣はあまり着ないんですか？　でも、着る／着ないはお客様の選択なので、いたしかたないかと…。

　ホテル担当者　そうですね。まずはきちんと準備できる作業方法を確立しましょう。

　数日後、デキコは年齢の近いコンサルタントのC先輩とランチをしていた。C先輩には幼稚園と小学生の子どもがいる。

　C先輩　今年の夏は久しぶりに花火大会、家族で行こうかと思ってて。

　デキコ　いいですね！　私も最近行ってないなー。

　C先輩　そうなんだ。うちは今年の花火大会で子どもの浴衣デビューしようかと思ってて。ママ友のSNSを見てても、結構みんな、かわいい浴衣をアップしてるんだよね。なんかうちも着せたくなっちゃって。

　デキコ　（あっ、浴衣か…）いいですね、浴衣デビュー。先輩って、家族旅行に行ったときに、旅館やホテルに用意のある浴衣をお子さんに着せます？

　C先輩　うーん、あんまり着せたことないかな。特別かわいい柄ってわけでもないのが多いし、着慣れないから、子どももちょっと嫌がったりして。寝ている間に、はだけてしまうし。

　デキコ　なるほど…、そうなんですね！　いまクライアントで浴衣がらみのテーマがあって、参考になりました。ありがとうございます！

■デキコの再考

デキコ 必要なサイズが用意できていなかったから、そのようなミスがないようにできればいいって考えていたけど、もっと付加価値をつけるアイデアがあるかも。（SNSで浴衣関連の投稿を見ながら…）そういえば最近、私が浴衣を着ていなかったから関心なかったけど、浴衣を着るって、結構いいCX（顧客体験）なんだな。普段着る機会が少ない浴衣をせっかく着るなら"映える"ものを用意するのはアリかもね。親とお揃いとか、記念写真サービスとかもいいかも。コンテストとかSNSにアップしてくれた人へのプレゼントみたいな企画も同時にできそう。ちょっと先輩にも相談してみよう。

デキコは、これまでの提案経緯やC先輩との会話の話をし、先輩コンサルタントに相談した。

先輩 最初は業務改善を提案したけど、もっと付加価値を高める提案がありそうだって気づいたのはいいね。Cさんにもいいヒントをもらえたね。"映える浴衣"、アリなんじゃないかな。あとはCさんの話にはもう一つヒントがあると思うんだけど、気づいてる？

デキコ えっ？　まだ何かあります？

先輩 Cさんは「着慣れないから嫌がる」って言ってたんでしょ？　そこからも発想できるんじゃないかな？　お客様の声をそのまま読むと子ども用の浴衣を要望しているように思えるけど、もう少し状況をイメージしてみるといいんじゃない？たとえば、子ども用とはいっても少し大きめの浴衣を着てたとすると、お子さんはどんな感じだと思う？

デキコ そうですね…、ただでさえ着慣れないのにサイズも合わなくて、動きづらかったり快適じゃなくて、あまりリラックスできないでしょうね。

先輩 そうだとすると、「リラックスしたい」「自由に動きたい」「快適に過ごしたい」っていうニーズや問題を解決する提案があるんじゃないかな？　あとは、「大人用しかなくて子どもが不便を感じているもの」という検討テーマもありそうだよね。

デキコ なるほど…、ありがとうございます。「お子さんがリラックス」という考え方で、パジャマやスウェットのようなタイプを用意するっていう方向性もあり

ますね。このあたりをテーマにして、再提案にのぞみます！

　デキコは、ホテルでのミーティングで、前回とは別の案を提示した。

　デキコ　前回は、「ミスなく浴衣をセッティングする」が中心の業務改善提案でしたが、今回は付加価値向上につながる提案をお持ちしました。

　ホテル担当者　それは興味深いですね。ぜひお願いします。

　デキコは新たな案を説明した。

【子ども用の浴衣を用いた付加価値向上案】

◆ファミリーのお客様からの「浴衣が大サイズしかなかった」という投稿は、おそらくお子さんの浴衣についての不満

◆子ども用の浴衣のセッティングができていなかったというミスはもちろん改善すべきだが、もう少し別の期待仮説が立てられるのではないか

◆その期待仮説は、大きく2つ
　①大人用で我慢させずに、子ども用を用意してリラックスさせてやりたい
　②普段着る機会がない浴衣を着て、良い思い出をつくってもらいたい

◆上記①の期待仮説から、リラックスという点を考慮するならば、浴衣ではなくパジャマやスウェットタイプが考えられるのではないか。さらに、浴衣に限らず、大人用でお子さんに不快な思いをさせているもはないか（たとえば、履物やアメニティなど）、をテーマに改善を検討する

◆上記②の期待仮説から、浴衣デビューやSNS映えなど、思い出に残る浴衣を用意することが考えられるのではないか。これはコンテストやSNS発信促進キャンペーンなどの販促企画と連動させられるのではないか

　ホテル担当者　興味深い提案をありがとうございます。私たちはお客様の声を表面的に捉えて浴衣をミスなくセッティングできればよいと考えていました。また、知らず知らずのうちに浴衣という固定観念があったかもしれません。確かにお子さんのことを考えれば、必ずしも浴衣である必要はなさそうですね。検討を進める際の参考にさせていただきます。

　デキコ　ありがとうございます。お子さん用の浴衣についてですが、親御さんとお揃いもいいかもしれません。SNSで発信してもらえれば、認知度アップにもつながりますし、何よりお客様にとって思い出深いCX（顧客体験）になると思います。

ホテル担当者　その案は、さらに浴衣の付加価値を高められそうですね。こちらもぜひ検討させていただきます。デキコさん、今回はご提案ありがとうございます。マニュアル化は私たちも考えていたのですが、浴衣以外のことを考えたり、浴衣を販促ツールやCX演出に使うというアイデアは思いつきませんでした。お願いしてほんとうによかったです。

解　説

今回の事例では、「顧客の要望に応えるのではなく（要望に応えるだけではなく）、そこから期待の仮説を立て、解決策はこちら（企業側）が考える」に発想を転換しました。

最初は業務改善やマニュアル化しか考えていなかったデキコですが、考える視点やヒントはいろいろと見いだせること、特に利用者の気持ちや行動から期待の仮説を考えることの重要性に気づくことができました。

「顧客ニーズに応える」ことは多くの企業で当然のように重視されています。しかし、「顧客のニーズ＝要望」は、えてして「素人提案」や思いつきの可能性があります。多くの企業は、製品やサービスがどうあるべきかを顧客以上に考え、研究していることが一般的です。にもかかわらず、つい「答え＝どうすればよいか」を顧客に求めてしまっていることが少なくありません。

今回のケースの、「浴衣が大サイズしかなかった」は、「浴衣に対する不満」「サイズを揃えてほしいという要望」といったことが顧客視点として読み取れます。しかし、「ほんとうのところ、何が不満で何を解決したいと思っているのか」や「顧客も気づいていないプラスαの部分」は、企業側が考えるべきものです。もちろん、「直接要望されている＝声に出して言われている」わけではないので、期待仮説になります。

期待仮説を立てるポイントとしては、以下があげられます。

◆ 要望や不満だけでなく、その理由や背景、出来事を確認する
◆ ペルソナ（＝具体的な顧客像）を設定し、状況を具体的に想像する
◆ 期待仮説から発想を広げて解決策や打ち手を考える

これらは、最初は浴衣のサイズの話でしたが、先輩との会話やアドバイスなどから気づきを得て、実践することができました。

　「顧客からヒントを得る、そのために洞察する、そして解決策はこちらが考える」を実践していくと、これまでにない新しいアイデア発想の可能性につなげられることがわかります。

輸入パスタの価値創出

　パスタ輸入会社のＡさんから、パスタの売上が低迷しているのでその打開策を考えたいと相談があった。

　Ａさん　わが社の製品は昨今の料理離れ、料理に時間を使いたくないという人が増えていることで売上が減ってるんですよ。

　デキコ　でも、結構パスタ好きの人は多いし、お昼とかパスタを食べることも多いんですけどね。

　Ａさん　確かにパスタ自体の消費はアップしていますが、私どもには外食には販売するルートがなく、家庭では冷凍食品が多いんですよ。うちは、イタリアの有名なメーカーのものを販売していて、食べたら絶対ほかとは違って美味しいのですが、最近はゆでるのも面倒、冷凍食品のほうがお手軽という感じで、なんとか打開策がないかと思いまして。

　デキコ　わかりました。考えてみますね。

　Ａさん　よろしくお願いします。

■考えてみましょう

　パスタを用いた料理を食べる機会や消費量は増えているものの、家庭でパスタを料理することは減ってきていることを踏まえ、食材としてのパスタ（乾麺、生パスタなど）の販売量を増やす方法として、どのようなアイデアが思い浮かびますか。

■デキコの発想

　デキコ　製品には自信を持っているみたいだけど、なんかこだわりが強すぎるのよね。だいたい、私も料理とかあまりしないし、面倒くさいから、お手軽に済ませ

ることが多いし。それに、ネットでレシピどおりにつくってもイマイチ美味しくできなかったり、あと片づけも大変だし。忙しい平日に、家に帰ってから料理をする時間ももったいないし…。

　若者を中心にタイパ消費が増えていて、それに対応した製品・サービスもあることから、この視点を活用した製品開発を提案することにした。

デキコ　皆さんはタイパ消費をご存じですか。Ｚ世代を中心に時間対消費の関係で価値を判断するタイパ消費が主流になっています。テレビ録画・映画・ネット動画を倍速で見る、本の要約サービスを活用するなどです。初めての行動をするときでも事前にネット検索して、結果や「おち」を確認してから体験するなど、失敗したくない、失敗する時間が無駄という傾向が強いようです。この傾向はＺ世代だけではなく、幅広い年代に浸透してきていることから、御社の製品についても、タイパ消費対応を考えてみたらいかがでしょうか。たとえば、冷凍食品メーカーに御社の製品を使ってもらうとか、御社の製品とセットするレトルトのソースを販売するとかはいかがでしょうか？

Ａさん　確かにタイパ消費というキーワードはわれわれも気になっていました。そもそも、料理するのが面倒くさいということから料理離れも深刻だなと思っています。一人暮らしの若者の自宅には、ガスコンロとかIHクッキングヒーターはあるのに鍋とかフライパンがない、あるいは電子レンジと電気ケトルしかないということもあるみたいです。それに、高齢世代でもお一人様が増えているので、料理はせずにお惣菜・お弁当で済ませるという方も多くなっています。こうした世代にも本人はタイパを意識していないかもしれませんが結果的にタイパ消費になっているなぁと。

デキコ　そうですよね。だから、御社もそれに対応したらいかがかと。

Ａさん　確かにそういう方向はありますし、これまでも検討しているのですが、冷凍食品に使ってもらおうにもコストが合いません。また、麺そのものよりどんなソースなのかで選びますよね。「うちのパスタを使っているから、ほかのものより値段が高い」ことは売りにはならなさそうです。レトルトにしても、イタリアだとレトルトではなく瓶詰めや缶が主流でフライパンのなかで混ぜないといけないし。かといって、うちはレトルトソースをつくる体力や開発体制がないので、なんか行き詰まるんですよ。もっと違う発想を期待したのですが…。

デキコ　（内心では「できない理由ばかり並べているのが良くないんじゃない」と思いつつも）もっと違う発想ですか…。わかりました、いずれにしてもタイパ消費への対応をキーワードに再検討してみます。

Aさん　よろしくお願いします。

デキコはZ世代の後輩コンサルタントのBさんを食事に誘って話を聞いてみた。

デキコ　Bさんは一人暮らしだと思うけど料理とかする？

後輩　えー、ほとんどしないですよ。平日とか会社から帰ってから料理をしてたら遅くなるじゃないですか。外食か、お弁当を買うかですね。

デキコ　週末は？

後輩　週末は時間があるから料理をすることもありますが、料理といってもご飯を炊いて冷凍食品のおかずを温めるとか、せいぜい肉を焼くとかですね。ほんとはちゃんと料理をしてバランスの良い食事にしたほうがいいんでしょうけどね。

デキコ　自分で料理をするにしても時間をかけないと。

後輩　そうですね。ちゃんとした料理ができたらいいとは思うんですが、わざわざ時間をかけて美味しくなかったら嫌じゃないですか。

デキコ　料理はやっぱりそうかー。Z世代はタイパ重視と聞くけど、そんな感じ？

後輩　確かにそうかも。動画サイトは倍速だし、映画館に行くのも面倒だから配信されるようになってから倍速ですね。本も要約サービスを使うし…。

デキコ　逆に時間をかけていることはあるの？

後輩　熱帯魚のお世話ですかね。

デキコ　熱帯魚？　確かに餌をあげるとか毎日のお世話がありそうね。

後輩　熱帯魚が泳ぐ姿を見てると癒やされるんですよね。知らないと思うから教えてあげますけど、毎日の餌やりもありますが、週末には水替え、水槽の掃除、水草のトリミングとかあるんですよ。それに、熱帯魚屋さんに行って、次はどんな魚を買おうかとか、こんな水草を入れたらきれいだなとか。

デキコ　へー、なんでそんなにはまっているの？

後輩　最初はたまたま見かけて、うちにもあったらいいな、程度だったんで安易に飼い始めたんですけど、水槽に苔が生えたり、熱帯魚の調子が悪くなったりして

…。いろいろ調べたら熱帯魚の生息地によって水のpHが違うとか、水草の成長のためには水中の二酸化炭素濃度が重要とか。水替えしないと、アンモニア→亜硝酸塩→硝酸塩という流れで蓄積して水質悪化…。結構、奥が深くて、いろんな知識が必要で。それに熱帯魚の生息地は世界各地にあって、現地はどんな感じなんだろうと想像したりして…。こんなことをしてたらはまっちゃいましたよ。お金も使ってますしね。最初は水槽、ヒーター、照明、濾過装置とかの最低限のセットだったんですけど、濾過装置もアップグレードしたし、二酸化炭素供給装置とボンベを買ったり。照明と二酸化炭素供給を時間帯に合わせて調節できるタイマーとかも欲しくなってますよ。なんだか、とても時間を取られるんですけど、興味関心が広がって自分の知識も増えたし。

　デキコ　なるほど。タイパ重視でも時間をかけることはあるのね。ヒントをもらった気がしました。ありがとう。

　デキコは、いつも参考になるアイデアがもらえる先輩コンサルタントのCさんにも相談してみた。

　デキコ　（Aさんとの打ち合わせ内容、Bさんとの会話内容を伝えたうえで）料理離れの原因はタイパ消費なので、タイパ消費に対応した対策を考えたいんですよ。

　先輩　料理離れの原因はタイパ消費だけなのかな。タイパ消費にこだわりすぎでは？　Bさんのような人でも、熱帯魚とかほかの人から見たら面倒くさいことに時間をたくさんかけているよね。それなら、逆に面倒くさい、時間がかかることに価値があるとわかれば、Z世代とか料理離れの人でも、価格が高くても美味しいパスタを使って料理しようと思うんじゃないかな。

　デキコ　確かにタイパ消費にこだわりすぎてしまったかもしれません。

　先輩　隣の部署のDさんがカレーづくりにはまっているみたいだよ。先日も手づくりカレーをいただいたけど、お店で出せるんじゃないかというくらい美味しかった。参考になるかわからないけど紹介するよ。

　デキコ　ありがとうございます。

　デキコは、Dさんにも話を聞いてみた。

　デキコ　Dさんはカレーづくりにはまっているとうかがいましたが、なぜはまったのか教えていただけますか。

Dさん そうだね。話すと長くなるけど…。最初はカレーの食べ歩きとかしてたんだけど、自分でもつくりたいなと思って。で、ちょうど有名カレー店の店主が市販のルーにクミンを追加すると美味しいという動画をアップしているのを見て、つくってみたらそれが美味しかったのよ。それで、クミンというスパイスは何かと調べてみたら、いろんな特長とか効能があるんだよね。デキコさんも知っていると思うけど、カレー粉はいろいろなスパイスが調合されているんだ。クミンをきっかけにスパイスの勉強を始めて、その配合でカレーの味が変わる。であれば、いろんなパターンを試してみよう…という感じで。あとは、カレーはルーだけじゃなくて、ご飯も日本のお米だけではなく長粒種のタイ米、ジャスミンライスとか。お米を美味しく食べる方法やカレーの種類に合わせたお米を使うとかもね。最近はカレーだけではなく、さまざまなスパイスをいろんな料理に使っているよ。沼消費という言葉があって、アイドルとかの推し活で時間とお金を使うことをいうらしいけど、自分はスパイスの沼にはまった感じかな。スパイスの歴史とかも勉強しているし。

デキコ 料理に時間をかけることは、もったいなくないのですか。

Dさん まあ、時間はかかるけど、事前にいろいろ調べて段取り考えて、料理しながらだんだんと美味しくなっていく姿を想像して、できあがって食べてみて…。想像どおりの美味しさのときもあるし、そうでないときは何がよくなかったんだろうかとか、次はこうしてみようとか…。料理の知識が増えたり、腕前が上がったりするのが楽しいかな。

デキコ 「沼にはまる」っていいですね。沼にはまると、時間を使うことが気にならなくなりますね。私も沼を見つけたいと思いました。ありがとうございました。

■デキコの再考

デキコ これまで、タイパ消費への対応にこだわりすぎていたな。逆に、一見、面倒くさい、時間がかかることに価値を見いだせれば時間をかけてでも体験しようと思うんだ。

　これまで聞いた話を簡潔にまとめて、Aさんに相談してみることにした。

デキコ 前回は失礼しました。今回はまだアイデアの視点ですが、いくつかお持ちしました。

Aさん よろしくお願いします。

デキコ キーワードは、パスタ料理の沼化です。沼消費というのは、自分の興味関心のあることには時間とお金をかけてでも体験することです。そのために、以下のような視点から検討されたらよいかと思います。いかがでしょうか？

【検討点】

◆パスタ料理の沼消費の要素を洗い出す

◆そのためには、パスタそのものの特徴、違い、美味しさ、それを生み出す原材料・製法など。自社取扱いだけではなく他社取扱いも含めて、麺そのものの違いを理解してもらい、麺そのものを味わう体験価値を増やす

◆パスタ料理のバリエーションを知ってもらう。加えて、たとえばボンゴレが生まれた歴史的地域的背景などの物語を紹介するなどにより、自分でつくってみようと思う動機づけにつなげたり、物語と一緒に味わえるようにする

◆沼消費を喚起するだけでなく、お客様のこだわりによっては、麺をゆでる手間の削減やパスタソースをつくる手間の削減など、タイパ視点も盛り込む

Aさん なるほど、沼消費の要素に着目できれば、うちのこだわりとも合いますね。確かにパスタには製法の違いで、ブロンズとテフロンがあり、太さも違います。われわれにとっては当たり前のことも、その違いによる使い分け、味わいなどはうまく伝わっていないかもしれませんね。パスタ料理のバリエーションは無限だし、レシピごとに物語もあります。それにイタリア起源だけではなく日本でのアレンジや魔改造レシピもあります。日本人にとってのお米だから、おかずとしてのソースの広がりは沼要素ですね。必ずといっていいほど使うオリーブオイルも種類が豊富で、唐辛子は日本の鷹の爪だけではなくて、イタリア産のもあるんですよ。

デキコ パスタ単体ではなく、料理の素材も含めて沼要素を洗い出して、パスタ料理を通じて、知識が増えたり、自分の腕前が上がったりなどの体験価値を増やす。結果的に御社のパスタが売れるというストーリーですかね。

Aさん 参考になる視点をいただいたので、これからデキコさんと一緒に具体化していきたいと思います。ありがとうございました。

解　説

　デキコは、最初はタイパ消費の視点しかありませんでしたが、料理以外に熱中するものがある後輩、カレーに情熱を注ぐ先輩などの話を聞くことを通じて、アイデアを膨らませていきました。アイデアの具体化はこれからですが、方向性は見いだすことができました。

　今回のアイデア発想のポイントは、以下のとおりです。

◆最初の時点で、タイパ消費対応できていなかった。それゆえに冷凍食品対応と安易に結びつけてしまった

◆タイパ消費の背景要因である面倒くさいこと、時間をかけた成果に見合わないものは徹底的に短時間化するという考え方を踏まえると、パスタを使った料理は「面倒くさくない」「時間をかける価値がある」、へと転換できれば、消費拡大の可能性が広がる、と逆の発想をする

◆タイパ消費が浸透する一方で、はまったことにはあえて時間やお金をいとわない沼消費というトレンドもあるので、パスタについても沼消費化する方法がないかを考えた。タイパ消費がトレンドになっていたとしても、あえて逆張り発想をしてみる

◆パスタ以外のジャンルで沼消費になっていること（今回のケースでは熱帯魚とカレー）の実態や背景要因を把握し、どのような体験価値が沼消費につながっているのか。それをパスタに適用できないのか（たとえば、パスタ料理の物語、料理をするうえでのパスタおよびその他の材料の知識増、腕前の向上など）を、パスタ単体ではなく、パスタを選び、ほかの具材を集め、料理し、味わうという体験価値を高めることで沼消費化につなげることができた

　トレンドワードを知り、活用することは発想の参考になり必要なことですが、クライアント企業の置かれた状況や取り扱っている商品の特徴などを踏まえた固有の課題解決につながるとは限りません。

　一つのトレンドにとらわれることなく、あえてトレンドの逆張りをしてみる、一見面倒くさいことを逆に体験価値とするなど、対極の視点から発想することが大事です。

ボウリング場の稼働率を上げる

　デキコは、ボウリング場を運営する「雪ん子ボウリング」の企画会議に参加していた。

　企画スタッフ　世の中では、一人カラオケは当たり前、ソロキャンプ、一人焼き肉など、これまで一人ではやりづらい、恥ずかしいと思われていたことが当たり前になって業績を伸ばしている企業も多いんです。ところが、ボウリングはどうしても仲間とかカップルで楽しむイメージがあり、周囲がそんな状況のなかで、一人でゲームをするのは恥ずかしいとか、気が引けるようで、ハードルが高いんですよ。「仲間と一緒に」というイメージがあるため、平日の昼間などはどうしても空きレーンが多くなってしまって稼働率の低い状態が続いています。ボウリングは、ピンを倒す快感が感じられ、スコアが出るのでモチベーションアップにもなり、また、あまり知られていませんが全身の有酸素運動なので、楽しく健康増進ができるなど、とても良いレジャーだと思うんです。この、「お一人様ボウリング」のお客様を増やす良いアイデアはないでしょうか。

　デキコ　わかりました、検討してみます。

■考えてみましょう

　グループやカップルで楽しむことの多いボウリングについて、一人でもゲームをしたい、ボウリング場に出かけてプレイしたいと思ってもらう方法として、どのようなアイデアが思い浮かびますか。

■デキコの発想

　デキコ　ボウリングは、私はめったにやらないけど、上手じゃないから確かに一人でやって、ガーター連発とか恥ずかしいな。それに一人でやる人は、上級者でマ

イユニフォームとグローブ、シューズ、それにマイボールも持っている人とか、ストライク連発で周りの人が見惚れるイメージだなあ。ネットで調べても、確かにお一人様ボウリングはカップルに囲まれて恥ずかしかった、初心者がやるにはハードル高すぎとかの声が多いなあ。でも、平日の昼間で空いているなら他人の目も気にならないし、稼働率アップの対策にもなるから、お一人様割引とか、お一人様回数券とかは、効果があるんじゃないかな。ただ、どう考えてもこれだけだと安易すぎるし、とっくに検討しているだろうな。

　デキコは、すでに成功している企業を調査することにし、最寄りのターミナル駅にある一人焼き肉に行ってみた。お昼の時間帯を過ぎているのに長蛇の列で、男性がほとんどではあるものの女性もちらほら、なかには外国人も目にとまった。数十分待ってカウンター席につくと、パーティションで仕切られ、目の前には自分専用の無煙ロースターがあり、個室感が演出されている。品書きを見ると、さまざまな部位の肉を少量ずつ食べられるメニューや特定の部位をがっつり食べられるものもある。最初は周囲が気になったが、肉を焼き始めたら、焼く→食べるに没頭してあっという間に完食できた。

　デキコ　カウンター席だけどプライベート空間の演出があるし、メニューも自分の気分に合わせて食べられ、値段もそこそこ、それに、においもつかないし、みんなで行ったときには焼き加減とか、遠慮してあまり食べられないとかあるけど、そんなことを気にする必要もない。結構、ボウリングにも応用できそう。

　次にデキコは、ソロキャンプにはまっている後輩コンサルタントのSさんに聞いてみた。

　デキコ　Sさんは最近、ソロキャンプにはまっていると聞いたけど、いろいろ教えてほしいことがあるんだ。なんで、ソロキャンプを始めようと思ったの？

　後輩　もともと、キャンプは好きで、友だちとか会社の先輩・同僚とかと機会を見つけて行ってたんですけど、日程調整とか大変じゃないですか。それに常にキャンプに行きたいというより、急に行きたくなったときに仲間を募っても自分の都合には合わせてもらえないですよね。あと、食材とか装備の分担、準備、人数によってはレンタカー手配、それにキャンプ場でもテントでOKな人、バンガローがいい人など、まあ、一言でいえば、さまざまな準備、調整が面倒くさいんですよね。

　デキコ　だいたいわかった気がするけど、ソロキャンプだと何がいいの？

後輩 やっぱり、行きたくなったときにふらっと自由に行けることですかね。煩わしい他人との調整も必要ないし。

デキコ でも一人だと、よくわからないけど、いろんなものを揃えないといけなくて大変なのでは？

後輩 確かに装備を揃えるのにお金はかかるけど。一人キャンプ用の装備はたくさんあるんです。一つ買ったら、あれもあったほうが便利、これは一人用によく考えているな、じゃあ買っておこうとか、どんどん増えちゃいますね（苦笑）。

デキコ キャンプ用品の企業は、たぶんいろいろあると思うけど、商品を選ぶときの基準とかある？

後輩 値段もピンキリだし、いろんな企業があるけど、私は特定の企業のものが多いですね。いろいろな装備について、持ち運び時、使用時、使用後などの場面場面での使い勝手や性能が「使う人の立場でよく考えられている」と思います。でも、そこだけ見たら他社とも意外に差が小さかったりするけど、その企業の考え方に共感している点もありますね。

デキコ どんな考え方？

後輩 キャンプって、状況にもよるけど、全部一人でサバイバルという側面があるじゃないですか。天候が激変したりしても全部、自分でやらないといけない。それって、キャンプに限らず、日常生活とか今後の人生でも役立つことだし、その企業が掲げている、お客様のそうした成長支援に共感してますね。そんなこともあって、今後、震災があったときでも、なんとか生きながらえる自信は少しついたかな（笑）。

デキコ なるほど、そうした企業姿勢も選ぶポイントなのね。ところで、一人でキャンプして寂しくないの？

後輩 キャンプって日常生活から離れる非日常世界でしょ。そのときに、友人とか先輩後輩などの人間関係が入ってきたら、非日常感が薄れるじゃないですか。あっ、仲間と行くのもそれはそれで楽しいですけどね。でも、やはり俗世界から離れた非日常感に浸りたいときに、ふらっと思い立ったら行けるというのがいいですよ。たき火の炎のゆらぎとかずっと見てられますよ。デキコさんもぜひ。

デキコ なるほど、ありがとうございました。

　一人焼き肉とソロキャンプの調査をしてわかったこと、ボウリングに展開

できそうな点として、以下があげられる。

【一人焼き肉、ソロキャンプからの考察】

◆「一人焼き肉」という名称が市民権を得ていて、当たり前化しつつある

→「一人ボウリング」という言葉を業界団体などで当たり前化の工夫ができないか

◆「肉を焼く→食べる」に没頭すれば、周囲が気にならなくなる、疑似プライベート空間が確保されている

→（消防法などの法規制準拠前提で）パーティションなどでプライベート空間確保の工夫ができないか

◆焼き肉のメニューがそのときの気分に合わせて選択できる多様性があり、比較的リーズナブルな価格である

→（すでに検討・実施の可能性はあるが）ゲーム数割引き、回数券、ポイントの導入

◆仲間と焼き肉に行ったときに感じる、メニュー選び、焼き方、食べる量の遠慮などが気にせずできる

→周囲の目を気にしなくて済むような工夫を講じる

◆ソロキャンプは、仲間と行くときの事前準備、調整などの手間がなく、自分が行きたいときに行ける

→一人ボウリングのハードルが下がれば、仲間を誘って日程調整するなどが不要で、ゲームを楽しみたいときに行ける

◆一人に特化した装備のラインナップにより、ソロキャンプをするための購入が増える

→ボウリング用のグッズ販売の可能性検討、レンタル品でも特別感を出せないか

◆機能・性能だけではなく特定の企業の理念への共感が装備を選ぶポイントになる、ソロキャンプを通じて、キャンプ以外の場面での成長支援につなげられる

→ボウリングを楽しむお客様が、どうなることに貢献したいのか、そのために自社としてどのような取組みをするのかを立案・明示・伝達・実施できないか

◆たき火の炎はずっと見ていられる

→プレイへの没頭感をより高める工夫ができないか

　これらは、違う業界のお一人様への取組みを参考にしたものだが、ボウリング場の平日の昼間の空きレーン問題の解消にはならないかもしれないことに気づいたデキコは、平日の昼間に時間がありそうなのはだれかを思い浮かべ、定年退職したアクティブシニアの叔父に話を聞きに行った。

　デキコ　お久しぶりです。お元気そうですね。これ、叔父さんの好きな稲庭うどん、買ってきました。

　叔父　ありがとう。デキコちゃんも元気そうだね。

　デキコ　きょうはちょっと、うかがいたいことがあって。

　叔父　デキコちゃんはマーケティングの仕事をしてるんだって。なんでも聞いてよ。

　デキコ　叔父さんは一人でいろいろやられているみたいですけど、どんなことをやっていますか、特に運動的なことで。

　叔父　いや、実はスマホアプリの位置情報ゲームにはまっていて、ずっとやってるんだよ。単に散歩するんじゃつまらないけど、ゲームをしながらだと結構、歩いちゃうよね。

　デキコ　ほかには何かしてるんですか？

　叔父　毎日、歩いているし、1週間で50km以上歩くこともあるから結構、筋力はついていると思ったんだけど、これが意外と少し長い階段を上っただけで、すぐに太ももがパンパンになっちゃうんだよ。この前、京都に旅行に行ったときも、あるお寺に向かう長い階段を上ったら、途中で一休みしないといけないくらい、太ももがパンパンになって…、こりゃまずいと。

　デキコ　スクワットするとか、ジムに行くとかの対策ですか。

　叔父　健康維持・体力増強の必要性はわかるけど、家でスクワットやるとか楽しい？　ジムに行ってもマシントレーニングとか楽しそうな気がしないんだよね。位置情報ゲームにはまっているのも、ゲームを楽しみながら歩けるのがいいんだよ。楽しさとか、ゲームのキャラが成長するとかがないとね…。

　デキコ　ボウリングとかどうですか？

　叔父　ボウリングね、小さい頃はボウリングブームがあって地方都市なのに3ヵ

所もボウリング場ができて、楽しかったね。いまは跡形もないけど。学生の頃はよくやったな、会社に入っても時々やったよ。ボウリングは楽しいよね。たくさんのゲームをやった日の翌日は筋肉痛になったり。

　デキコ　一人でボウリングというのはどうですか？

　叔父　一人か…。位置情報ゲームをやるために、地元だけではなくちょっと足を延ばすことも多いけど、そこにはボウリング場があるね。でも、こんなおっさんが上手でもないのに、一人でボウリングしてたら結構、周囲の目が気になって恥ずかしいかもね。

　デキコ　なるほど、周囲の目が気にならない環境なら可能性はありますか？

　叔父　うん、そうかもね。そういえば、TVゲームでボウリングができるゲームがあったけど、確かに楽しかったことを思い出したよ。

　デキコ　ありがとうございます。ところで、スマートウォッチを買ったんですか？　叔父さんは、そういうガジェット好きですもんね。

　叔父　そうなんだよ、これで歩数とか心拍数とか階段上った段数とか、睡眠状態とか…、いろいろわかるよね。スポーツモードもいろいろあって、サイクリング、登山、水泳、ゴルフなどなど。もっとも、いま使っているのはウォーキングモードだけかな。でも、いろんなことが数字で見えるのはいいよね。そういえばボウリングはなかったな。

　デキコ　なるほど、私も使ってますけど、スマートウォッチ使っている人が増えてますよね。

　叔父　このスマートウォッチは、特別な仕様で…（スマートウォッチへのこだわりの話が続いた）。

　叔父との会話からは、以下のことがわかった。

【叔父の話からの考察】

◆アクティブシニアには平日の昼間に時間があり、かつ一人で活動している人もいる

　→ターゲット顧客候補、単身高齢世帯が増えているという統計もある

◆取り組む楽しさが必要

　→体力向上・健康増進のためのトレーニングは必要だが、それに楽しさがないとやらない層がいる、また、それだけが目的でも楽しさが加われば

なおよい

◆取り組んでいる過程、取り組んだ結果が見えること

　→ボウリングではスコアは出るが、健康増進・体力向上の結果も見えるとよい

◆スマートウォッチはアクティブシニアにも普及しつつあり、関心を持ってもらえそう

　→スマートウォッチやスマホ連動による楽しさや健康増進・体力向上効果の見える化の可能性を検討

これらを踏まえ、デキコは雪ん子ボウリングに打開策を提案した。

　デキコ　課題解決のためにいろいろと調査してみました（一人焼き肉、ソロキャンプ、アクティブシニアについての調査結果を説明）。

　企画スタッフ　ありがとうございます。とても興味深く聞けました。それで、私たちは今後どのような検討をしたらいいでしょうか。

　デキコ　それでは、ご提案します。

【「お一人様ボウリング」を広める提案概要】

◆「お一人様ボウリング」という言葉を発信、できれば業界で連携して発信し、「当たり前化」する

- マスメディア、SNS、他企業とのタイアップなどさまざまなメディアを活用する

- その際、幅広い年齢層をねらうのか、アクティブシニアをねらうのか。幅広い年齢層であれば平日の昼間に限らない全時間帯となり、アクティブシニアであれば平日の昼間の稼働率向上を最優先

- ただし、後述のような環境を整えることと同時に行う

◆お一人様のプライベート空間感が出る環境を整備する

- たとえば、可動式のパーティションの活用など

◆ボウリングの楽しさ、効果などをあらためて整理し、経営理念としても明記、その実現のための取組みを行う

- 「ボウリングの楽しさ」についての既成概念・固定観念をあらためて見直し、ボウリングを通じてお客様にどのような貢献をするのか、さらには社会課題、たとえば高齢化社会の課題の解決にどのように貢献をするのかを

業界の視点で捉え直す

- 楽しみと健康増進・体力向上効果の同時実現の視点なども参考にする

◆ スコア以外の楽しさの増進、成果の見える化方法を検討する

- 有酸素運動・体力向上度などの見える化

- スマホやスマートウォッチとの連携余地

- 仮想キャラなどとの競争などゲーム性を高める工夫

◆ ボウリング関連グッズの拡充

- マイグローブ、プレミアムなシューズなどの提供・販売を通じて、上達を支援するとともに、購入しやすさを増すような工夫

- スマートウォッチを持っていないお客様への紹介・販売機会づくり（販売代理店契約など）

◆ プレイ代金の工夫

- （すでに取り組んでいるとは思うが）お一人様割引・回数券

- サブスク料金の設定

◆ その他

- お一人様前提ではあるが、お一人様同士の交流機会づくり

- 上達のためのコーチングメニュー

- お一人様に伴走してくれる推しコーチづくり、または成果の見える化と関連した仮想キャラによる応援

　企画スタッフ　ありがとうございます。お一人様ボウリングで、平日の昼間の稼働率向上面ばかり見ていましたが、その前提になる私たちのお客様貢献に対する思いの整理から始めたうえで、多面的な視点から施策を検討することが必要ですね。順番に検討していきたいと思いますので、検討に詰まったときにはまたお声がけします。引き続きよろしくお願いいたします。

解　説

　「お一人様ボウリング」のお客様を増やし、昼間の稼働率を上げることをめざしたアイデア発想です。以下のポイントがありました。

◆ 「お一人様」が確立している先進業種で自ら具体的な体験をし、気づきを

得ること。焼き肉では、設備・メニュー構成や周囲に気兼ねなく食べられる工夫などがなされている

◆お一人様を継続している人へインタビューし、より詳細な具体的な体験価値を把握したこと。ソロキャンプでは、仲間との調整を気にせず、行きたいときに行ける、自身の成長にもなる、さらにグッズの購入にあたっては特定企業の理念への賛同も重要であるなどの気づきが得られた

◆異業種であっても先行事例を調査することで、そのエッセンスを自社に置き換えてアイデア発想することが有効である

◆上記だけでは「昼間の稼働率」につながらないため、今回のケースではアクティブシニアに着目した。その際、いきなり「ボウリングはどうですか」と聞くのではなく、昼間の過ごし方全体を把握し、そのなかでどのような体験に価値を感じているのか、価値を高めるためには何が必要なのかを把握することで、ボウリングに置き換えたらどのような体験価値が提供できるのかという順序でアイデア発想した

　このように、ボウリングではない異業種やターゲット顧客の体験価値を把握することで、「自社は違うからむずかしい」ではなく、置き換えるとどんなアイデア発想になるのかを考えることがポイントです。

プラットフォームビジネス
という発想

　デキコは、デンタルクリニックから相談の連絡を受けて訪れた。ここは、先輩が以前、歯科医の集まりで経営に関する講演をしたときにデキコが同行し、その際に名刺交換した歯科医Aが開業しているクリニックである。

　デキコ　A先生、ご無沙汰しております。ご連絡をいただき、ありがとうございます。

　歯科医　お忙しいなか、ありがとうございます。呼び出してしまってすみません。

　デキコ　いえ、今回はどういったご用件ですか？

　歯科医　実は、デキコさんに会ってもらいたい歯科技工士がいるんですよ。

　デキコ　歯科技工士さんって、あの入れ歯や詰め物なんかをつくるお仕事の方ですか？

　歯科医　そうです。デキコさんに相談に乗ってもらいたいと思いまして。

　デキコ　私でお役に立てることがあればと思いますが…。

　歯科医　よかった。きょう、当院にきているのでデキコさんにご足労願った次第です。呼んできますので、ちょっとお待ちください。

　待っている間、デキコは自分の口の中にも詰め物や被せ物があることを感じながら、「そういえば歯医者と違って歯科技工士って接点がなかったな…」と思っていた。しばらくすると歯科技工士がやってきた。

　歯科技工士　初めまして。歯科技工士のBです。

　デキコ　初めまして。デキコと申します。よろしくお願いします。歯科技工士の方にお会いするのは初めてなので、ちょっと緊張してます。

　歯科技工士　そうですよね、皆さんにはあまり馴染みがないですよね。

　デキコ　自分の口の中にも治療したところがありますが、歯科技工士さんにはお会いしたことがありません。ご相談があるとのことですが、私でお役に立てることがあればよいのですが…。

歯科技工士　はい、A先生から、デキコさんをご紹介いただけるということで、きょうは楽しみにしてきました。よろしくお願いします。

歯科医　B先生は、長らく海外で経験を積んだあと、帰国して開業。ある会合でお会いして意気投合したのがきっかけで、おつき合いさせてもらってます。患者と、もっと会話したい、直接悩みをお聞きしたい、という思いの強い方なんですよ。

歯科技工士　いやー、お恥ずかしい。でも、歯科技工士がつくっているものは体に入れて、毎日使うものなのに、ほとんどの方が無関心。しかし、噛むということは体にとってほんとうに大切だから、もっといろいろと伝えたいと思っています。きょうは、ちょっと悩んでいることを聞いていただけるとありがたいです。デキコさん、何かいい手はないでしょうか？

　Bさんの悩みは、以下のとおりである。

◆ 歯科医療という業界自体がとても遅れている。特に顕著に表れているのはデジタル化の遅れと考えている

◆ 3Dプリンタで歯型をとるなど、医療機器自体は進化している。しかし、仕事の進め方は昭和のままだと感じている

◆ たとえば、歯科医からの製作依頼は、いまだに電話やファクス、よくてメール。補綴物の素材を購入するにも、すべて電話で発注している

◆ ただし、一人でできることには限界がある。業界慣習がこのような状況なので、自分の職場の事務も変えられないでいる

デキコ　そういうお話でしたか。最初は自分にお役に立てることがあるのかと思っていましたが、お話をうかがって微力ながらお役に立てることがあるのではないかと感じました。一度、提案させていただいてよろしいでしょうか。

歯科技工士　よかった。ぜひお願いします。

歯科医　デキコさん、ぜひよろしくお願いします。今回、以前講演していただいたCさんにお話ししたら、デキコさんが適任だとご紹介いただきました。楽しみにしています。

デキコ　そうだったんですね。わかりました。後日、ご連絡いたします。

■考えてみましょう

　歯科技工士が感じている悩みを解決するためのに欠かせない確認事項や提

案内容として、どのようなものが考えられますか。

■デキコの発想

　会社に戻ったデキコは、歯科技工士Bのホームページを見ていた。ラボは全面ガラス張りで、オープンなつくりになっている。

　「開かれた場にしたかったんです。歯科技工所って、だれもイメージできないじゃないですか。そのためにはオープンであることが重要なので、私だけでなく建物もこのようになってしまいました」

　歯科技工士の言葉を思い出しながら、業務改善やシステム化なら自分には経験もあり、効果的な提案ができると自信を深めていった。

　このラボのデジタル化を提案しよう。小規模事業者なので、パッケージソフトを中心に顧客管理、売上管理、受発注管理、請求業務といったものを一括で処理でき、また人的作業も多いであろうことも踏まえ、製作作業や事務作業の効率化もあわせて提案することにした。

　2週間ほどが経過したのち、デキコは歯科技工士のラボを訪問し、システム化や業務改善を提案したが、反応はよくなかった。デキコの提案を聞いたのち、Bが口を開いた。

　歯科技工士　デキコさん、ご提案ありがとうございます。ですが、根本的に違う、というか…。確かにこのラボのデジタル化は遅れています。事務的なものはほとんどアナログです。だから、書類も伝票もこんなありさまなのです。でも、このラボがどれだけデジタル化しても、相手がアナログだったら意味がないのではないでしょうか？　電話で入ってきた製作依頼をデジタルに置き換えて、製作物を届ける際は再びアナログで出力して…では仕事が二重になってしまう気がします。相手がデジタルへと変わらなければ、このラボも変わらない気がします。せっかくご提案いただいたのに、こんなこと言ってすみません。

　デキコ　いえ、率直にお話しいただいてありがとうございます。おっしゃるとおりだと思います。お話しいただいた点を踏まえて再提案させていただけませんでしょうか？

　歯科技工士　はい、もちろんです。こちらこそ、いろいろと言いっぱなしですみ

ませんが、よろしくお願いします。

　これまでに経験のある業務改善やシステム化の提案だったが、歯科技工士Bの考えていることを踏まえた提案ができていなかったことから、デキコは、自分を紹介してくれたという先輩のCさんに相談した。

　デキコ　先輩にも連絡があったと思うのですが、歯科医のA先生からのご紹介で歯科技工士のBさんにご提案してきました。

　先輩　うん、A先生から問い合わせがあったから、デキコを推薦したよ。

　デキコ　ありがとうございます。でも、期待に応える提案ができませんでした（デキコはこれまでの経緯を先輩のCさんに話した）。

　先輩　そうか…。デキコは「外部経済性」って知ってる？

　デキコ　外部経済性？　初めて聞きました。

　先輩　その利用者の効用は自分自身ではなく、あとから入ってくる利用者の数で決まる、というものだよ。わかりやすいのが電話だ。もし世の中に電話が1台しかなかったら、まったくの無用の長物だ。だれとも話せないからね。でも利用者が2名になれば、3名になれば、100名になれば…。わかるだろ。より多くの人と話せるから、あとから入ってくる人のほうが効用は上がるという考え方だ。

　デキコ　はあ、ちょっとむずかしいけど、なんとなくわかります。

　先輩　そのラボだけでデジタル化を進めても、確かに効果なんてたかが知れている。みんなで取り組まなければデジタル化の最大の効果は生まれない。私ができるアドバイスはここまでかな。あとはデキコが考えてみるといいよ。

■デキコの再考

　「外部経済性」というキーワードをもとに、デキコは再提案を考えていた。確かに、相手もデジタル化していなければスムーズなやりとりはできない。電話と同じだ。相手が使っていなければ、電話なんてまったく意味のない道具だ。いまデキコが通っている歯医者とラボがつながれば、確かに便利になる。でも、その歯医者一つとつながっても効果はたかが知れている。あのラボなら、いくつくらいの歯医者と取引があるのだろう。20～30くらいだろうか。そうすると、その先の歯医者も20～30くらいはつながっている。さらにその先も…。

そんなことを考えているうちにデキコはひらめいた。

「これって…、でも…」。

　デキコは、提案というより話を聞くために歯科技工士Bのラボを再訪問した。

デキコ　あれからいろいろ考えたんですが…、Bさんが考えていらっしゃることってプラットフォーム的なものをつくるということでしょうか？

歯科技工士　プラットフォームというのは？

　デキコは自分の考えをBさんに説明した。それは、患者、歯科医師、歯科技工士、それにかかわるさまざまなサプライヤー、それらをすべてデジタルでつなげ、業界のプラットフォームを構築するという構想である。

歯科技工士　そうなんですよ！　私の考えていたことは、その…、プラットフォームというんですか？　業界全体がつながらなければ意味がないんです。

デキコ　でも、とてつもなく壮大な話ですよ。歯科診療所で6万以上、歯科技工所も2万以上あるようですが…。

歯科技工士　でも、それができなければ、皆さんの歯を守れないと思いませんか？医療行政の問題やこれまでの歯科医師の固定概念、新しいものに対する抵抗…、さまざまな障壁があるのは十分承知です。でも、このままでは皆さんの歯を守っていけるとはとても思えない。何よりコスト高です。私は微力であっても、この状況をなんとかしたい。歯科医療の方々はもっとつながるべきなのです。だからオープンなラボをつくったのです。

デキコ　私はそこまで考えが及んでいませんでした…。

歯科技工士　でも、今回そのきっかけをつくってもらえた気がします。デキコさんとのつながりも、ここからがスタートですね。私の考え方って、なかなか理解してもらえないんです。ぜひ、これからも、長い目で、意見交換させてください。

デキコ　はい、私でよければこれからも意見交換の機会をいただければと思います。私ももっと勉強します。あらためてご提案ですが、プラットフォームはまだまだ時間もかかると思います。その構想と並行して、手戻りにならないようなラボのデジタル化や業務効率化に取り組まれてはいかがでしょうか？

歯科技工士　そうですね。それはそれで必要かもしれません。

デキコ　はい、それではぜひ提案させていただきます。

解　説

　今回の事例は、単なる業務改善のためのシステム導入のように見えて、実は壮大なプラットフォームによる業界全体の改革を構想していた、というケースです。実際には、実現のハードルは高いでしょう。しかし、対症療法や部分改善ではなく、着眼を大きく持った発想も意識してみてください。

　課題の着眼には大きく2つあるといわれます。

　一つは、発生型課題です。

　現状、すでに不具合が発生しており、それに対応することです。いわゆる「改善」的なアプローチが中心です。悪くすると前述のように対症療法的になりかねませんが、根本原因に手を打つなどができれば、これはこれで重要な改善視点です。リスクは少ないものの、得られる成果は一般的に大きくありません。

　もう一つが、設定型課題です。

　現状特に不具合がないとしても、「数年後を考えたら課題とすべきことはないだろうか」「もっとめざす状態や目標を高く掲げたら課題になってくることはないだろうか」といった着眼で課題を考えることです。いわゆる「改革」的なアプローチです。現状の延長線上ではなく、スクラップ＆ビルドやゼロベースで考えるといったことも求められます。ともすると絵に描いた餅になりかねませんが、成し遂げたときに得られる成果は大きいものが期待できます。

　常に2つの着眼点を持って、課題を設定してみましょう。

「発想」を習慣化しましょう
――あとがきに代えて

　いかがでしたか。デキコの苦労や活躍（？）とともに、皆さんの発想のトレーニングになりましたら幸いです。一つひとつのケースについては、さまざまな感想があることと思います。

◆それは思いつかなかった、いいね！

◆自分もなんとなく思い浮かんでいたが、具体的ではなかった

◆単純にケーススタディとして、おもしろかった

といった前向きな感想もあれば、

◆ありきたりな発想だ

◆もっと違う発想があるのではないか

◆私のアイデアのほうが、良さそうだ

などの否定的な感想もあるものと思います。

◆自社のケースには、どれを当てはめればよいだろう

◆全体を通して発想「法」や発想の「視点」を体系的に示してほしい

◆従来のさまざまな発想法と何が違うのだろう

など、実用やさらなる学習にあたっての思いが出てきたかもしれません。

　本書は冒頭の「本書に読み方・使い方」でも触れたとおり、書かれている発想が唯一の正解だというわけではありません。さまざまな発想法を整理・体系化したり、新たな発想法を提案しようとするものでもありません。ビジネスにおける発想とは、つまるところ「役に立つ」か否かがすべてです。では、役立つ発想を得るためのポイントはなんでしょうか。

＊

■アイデアは、数多く出す

　たとえば、新しい企画を実践するにあたり、もっともビジネス上かつ結果的に価値があるのは、最短の発想時間で最善のアイデアを生み出すことで

す。極端にいえば、「あまり時間をかけず、唯一思い浮かんだアイデアを実践したらうまくいった」ということです。

とはいえ、ビジネスで実際にアイデアを探索したことがある方ならおわかりのとおり、現実には、多くのアイデアのなかから選び出され、磨かれ、叩かれ、切り刻まれ、骨抜きにされ、それでも輝きを失わなかったアイデアが採用されていきます。上司も経営層も、「たった一つのアイデア」に対してゴーサインを出す勇気はありません。

発想に求められる第一の要素は「たくさん出す」ことです。アイデアをたくさん出すことで視点のヌケもモレも防ぐことができます。デキコも調査・観察、クライアントや先輩との対話を通じて多くのアイデアを発想し、そのなかから光るものを見いだしていたはずです。

■角度を変えて思考を深める

たくさんのアイデアを出すためには、角度を変えて発想することが必要不可欠です。本書のケースでは、ケチャップの中身、限界集落の「移動手段」、あいさつが「できない原因」などなど、一つの軸（表面的なこと）だけにこだわっていては発想は広がりませんでした。ケチャップの中身ではなく容器による使い勝手、移動手段ではなく「目的そのものを届ける」「できている状態を再現する」というように、発想が多方面にわたれば、問題解決のチャンスも広がるのです。

視点を変える、軸を変える、発想を飛ばす…。言い方はさまざまですが、共通しているのは、「問題の本質」を見抜く思考です。とはいえ「本質」はつかみにくいものでもあります。そのため、「とにかく別な角度で考える」というアプローチが有効なこともあります。そこにフォーカスした発想法も世の中には多く紹介されています。

■発想体験の回数を増やす

アイデアを「たくさん出す」ためには、発想の「角度を変える」ことが大事な点ですが、それがわかったからといってすぐに良い発想ができるわけでもありません。どんなに優れた発想法も、視野を広げるためのさまざまな手法も、使われて初めて意味を持ちます。特に、「知っている」ことと「使ったことがある」ことの差はきわめて大きいのです。

本書は発想「法」については語っていません。ひたすらデキコとともに発想する体験の回数を増やすことを目的にまとめました。それは「回数をこなす」ことが、発想法を知ることよりも、達人に極意を聞くよりも、発想する環境にこだわるよりも、大事だと考えるからです。ただし単に回数をこなすよりは、「仮説をもって」回数を重ねるほうが、発想のために有効なのは間違いありません。世の中に数ある発想法の本をいくつか読んでいたとしても、本書のケースをデキコとともに考えてみることは、役に立つはずです。

＊

　本書では、デキコという新米コンサルタントとともに、アイデアを「たくさん出す」「角度を変える」「回数をこなす」ことを体験いただきました。本書で扱ったケースに限らず仕事のなかにも、日々の生活においても「問題」となることは、たくさんあります。それらを一つの事例（ケース）として発想の回数を増やすこと、日々の発想を習慣化することができるなら、皆さんの発想力は大いに高まるものと考えます。

執筆者略歴

●江渡 康裕（えと やすひろ）
1991年㈱日本能率協会コンサルティング入社以来、CS（顧客満足）向上をベースとした
コンサルティングを実践している。近年ではCX（顧客体験）のデザインを含め広く顧客
接点を起点とした経営改革を支援している。CXデザインは、顧客の視点で考え抜き、顧
客に共感し、顧客も気づいていないニーズやジョブを見いだすことが重要であり、従来の
常識から離れた柔軟な発想が求められる。本書においても、深く新鮮な顧客洞察をもたら
す発想のあり方をケースに込めて紹介している。

●渡邉 聡（わたなべ さとし）
1996年㈱日本能率協会コンサルティング入社以来、サービス・リテール事業のマーケティ
ングを中心にコンサルティングを実践している。特に、VOC（顧客の声）や行動観察と
いったインサイトを重視した商品・サービス開発に注力している。コモディティ化から脱
却するためには、机上の分析によるリソース発想に偏りすぎず、フィールドワークやイン
サイトから発想することが重要です。「どこかで見聞きしたことがある」以外の発想につ
ながるヒントを本書のケースに込めて紹介している。

●蛭田 潤（ひるた じゅん）
1985年㈱日本能率協会コンサルティング入社以来、CS向上、業務改革、組織文化変革、
エンゲージメント向上を中心にコンサルティングを実施している。特に、顧客接点部門に
ついては、CS向上と業務効率向上を同時実現する改革支援に注力している。CS向上のた
めには、CX視点からの顧客洞察が重要であるが、自社の顧客だけではなく、必ずしも競
合ではない他社のCXやマーケティングの潮流など幅広くアンテナを張り、自社の改革に
つなげるという発想のヒントをケースに込めて紹介している。

●鬼束 智昭（おにづか ともあき）
1991年㈱日本能率協会コンサルティング入社以来、新商品開発・新事業開発をベースとし
たコンサルティングを実践している。近年ではテーマ創出そのものだけではなく、商品
化・事業化やそれらを生み出す組織づくりの支援を実施している。最近の新商品では、よ
り顧客視点や社会価値視点が重要視されていることから、自社の強みがどう活かせるの
か、経済性価値をどう両立させるのかに重点を置いて支援している。これらを通じた、現
場での苦労や解決話をケースに込めて紹介している。

●横山 隆史（よこやま たかし）
2003年㈱日本能率協会コンサルティング入社。経営戦略、事業戦略、マーケティング、財
務等といった領域を専門として、ビジョンや中期経営計画の策定、企業再生・再編の支
援、新規事業検討等といったテーマでのコンサルティング実績がある。また、新たなビジ
ネスモデルの概念として「プロフィット・デザイン」の普及にも取り組んでいる。近年
は、次世代の経営人材候補者に対する各種研修・セミナーでも多くの実績をあげている。

「イノベーションの種<ruby>た<rt>た</rt></ruby><ruby>ね<rt>ね</rt></ruby>を見つける」ケーススタディ
－見方を変える、思考を深める 実例20

編著者◆
日本能率協会コンサルティング

発行◆2024年7月1日 第1刷

発行者◆
駒井 永子

発行所◆
経団連出版

〒100-8187 東京都千代田区大手町1-3-2
経団連事業サービス
電話◆[編集]03-6741-0045 [販売]03-6741-0043

印刷所◆平河工業社

ISBN978-4-8185-1956-5 C2034